Das Glück auf der Erde zu finden, wünschen sich die meisten Menschen. Manchen von ihnen gelingt es sogar – etwa durch Liebe oder Entsagung –, doch für die ganze Menschheit scheint es unerreichbar zu sein. Weder Religionen noch Kapitalismus oder Kommunismus konnten den immerwährenden Platz an der Sonne garantieren. Müssen wir uns also auf das Jenseits vertrösten lassen? Heiner Geißler meint: nein, und erklärt, welche Utopien uns heute noch Orientierung zu geben vermögen. Gestützt auf grundlegende Einsichten von Philosophie, Theologie und Geschichte beschreibt er, wie eine bessere Welt möglich sein könnte. Dabei blickt er zurück auf seine eigenen Erfahrungen und erzählt von seinen Träumen. Einmal mehr erweist sich Geißler als einer der originellsten und unabhängigsten Köpfe im heutigen Deutschland.

Dr. Heiner Geißler, Jahrgang 1930, studierte Jura und Philosophie. Er war Landes- und Bundesminister und verwandelte die CDU als Generalsekretär in eine moderne Volkspartei. Heute gilt sein Einsatz der Humanisierung des Globalisierungsprozesses und dem Projekt einer Internationalen Ökosozialen Marktwirtschaft. Er arbeitet als Redner und Publizist und ist bekannt als Gleitschirmflieger, Bergsteiger und Kletterer.

Heiner Geißler

Ou Topos

Suche nach dem Ort,
den es geben müßte

Rowohlt
Taschenbuch
Verlag

Veröffentlicht im Rowohlt Taschenbuch Verlag,
Reinbek bei Hamburg, Oktober 2010
Copyright © 2009 by Kiepenheuer & Witsch, Köln
Umschlaggestaltung ZERO Werbeagentur, München,
nach einem Entwurf von Rudolf Linn, Köln
(Umschlagabbildung: © Marco Kost)
Satz Stempel Garamond PostScript (InDesign) bei
Pinkuin Satz und Datentechnik, Berlin
Druck und Bindung Druckerei C. H. Beck, Nördlingen
Printed in Germany
ISBN 978 3 499 62638 8

Inhalt

Einleitung	7
Radikale Antworten	19
Illusion und Zweifel	27
Hat Religion einen Sinn?	32
Gott: ein Postulat der praktischen Vernunft	45
Das Leid und das Böse	50
Utopie Evangelium	61
Utopie Bergpredigt	70
Das Evangelium als ethische Grundlage für eine neue Weltordnung	88
Die Utopie einer neuen Weltwirtschafts- und Friedensordnung	104
Beiträge der Kirchen – utopisch?	117
Die Utopie der Befreiung der Frauen	126
Die Utopie einer multikulturellen Gesellschaft	140
Orte, die es nicht mehr geben darf	146
Die Utopie einer rechtsstaatlichen Parteiendemokratie	158
Toleranz – innerparteiliche Demokratie	170
Die Utopie einer parlamentarischen Demokratie	177
Bildung, Tugenden und Ideale	188
Träume	211

Einleitung

Der Gedanke, über realisierbare Utopien in der heutigen Zeit nachzudenken und zu schreiben, kam mir bei der Erarbeitung eines Nachworts zu einer Neuedition des Buches »Utopia« von Thomas Morus (erschienen bei Weltbild).

Seit Sir Thomas More, lateinisch Thomas Morus, das Buch »Utopia«, in dem er das ideale Staatswesen einer Inselrepublik beschreibt, im Jahr 1516 veröffentlicht hat, ist das Wort »Utopie« zu einem der wichtigsten, aber auch umstrittensten Begriffe der Staatsphilosophie, ja, des intellektuellen Diskurses überhaupt geworden. Hergeleitet vom Griechischen »ou topos« – eigentlich: Ort, den es nicht gibt –, wird man »Utopia« wohl richtiger übersetzen als »Ort, den es *noch* nicht gibt«, sogar als »Ort, den es eigentlich geben müßte« – so leidenschaftlich und überzeugend wird in dem Buch die Frage beantwortet: Wie könnte und müßte ein friedliches, gerechtes, geordnetes, freiheitliches, korruptions- und privilegienfreies Gemeinwesen aussehen? Diese Frage ist auch heute noch aktuell.

Bei der Lektüre begegnen wir unglaublichen, geradezu phantastischen Vorstellungen, aber auch Ideen, die punktgenau in die heutige Zeit passen. Ernst Bloch glaubte, die Inselrepublik Utopia stelle ein Vorbild der christlichen Staatsräson dar. Das kann man bezweifeln, zumindest mit Blick auf den Katholizismus.

Zu den Tatsachen, die am meisten verwundern, gehört zunächst, daß Thomas Morus angesichts des Inhalts von »Utopia« nicht von der Inquisition behelligt wurde, also der Vorgängerinstitution der Kongregation für Glaubenslehre, deren Präfekt lange Jahre Kardinal Joseph Ratzinger war, wohingegen zum Beispiel ein ähnlich revolutionärer Geist der damaligen Zeit, Ignatius von Loyola, der Gründer des Jesuitenordens, gleich achtmal in den Inquisitionskellern landete. Das mag damit zusammenhängen, daß Thomas Morus, der 1478 in London geboren wurde, als höchster Beamter des englischen Königreichs, als Richter, Parlamentarier und Diplomat für die Inquisition unerreichbar war, zumal sie im Norden Europas eine weitaus geringere Rolle spielte als in südlichen Ländern.

Thomas Morus war eher ein Rebell als ein botmäßiger Staatsdiener. Bereits 1504, mit 26 Jahren, wird er Mitglied des Unterhauses. Den Höhepunkt seiner Laufbahn erlebt er mit 51 Jahren als Lordkanzler und erster Staatsmann des englischen Reichs. Er wäre der Nachwelt vielleicht nur als bedeutender Staatsmann und vorausschauender Philosoph mit seinem Werk »Utopia« in Erinnerung geblieben, wäre es nicht zum entscheidenden Konflikt mit Heinrich VIII. gekommen, als der König von seinen Untertanen einen Eid auf die Anerkennung der königlichen Obergewalt über die Religion und damit über die Kirche Englands verlangte. Morus verweigert den Eid aus Gewissensgründen und wird des Hochverrats angeklagt.

Er starb, weil er von der Glaubens- und Gewissensfreiheit Gebrauch machte. Modern gesagt, wurde Thomas Morus Opfer einer totalitären Politik, weil er seinem Gewissen mehr gehorchte als seinem König. Am 6. Juli 1535 wurde er vor dem Tower von London enthauptet.

Erst 400 Jahre später, im Jahr 1935, als der Nationalsozialismus einem erschrockenen Europa sein wahres Gesicht enthüllte, hat die katholische Kirche ihn heiliggesprochen. Daß es so lange dauerte, hängt ganz sicher mit dem Inhalt seines Buches zusammen.

Ernst Bloch nennt Thomas Morus »einen der edelsten Vorläufer des Kommunismus«. Dies ist – den Kommunismus ideal gesehen – nicht ganz falsch. Aber sicher nicht in dem Sinn, daß Morus glaubte, die Menschheit sei besser als der Mensch und müsse deshalb auch gegen den Willen der Menschen gerettet werden. In »Utopia« gibt es diesen kollektivistischen Irrtum nicht. Die individuelle Entscheidung und Verantwortung waren für Thomas Morus im wahrsten Sinn des Wortes existentiell. Auch die Staatsbürger von Utopia anerkannten kein Jüngstes Gericht für Kollektive.

Das Buch »Utopia« ist ein für die damalige Zeit revolutionärer Gegenentwurf zu der Welt des 15. und 16. Jahrhunderts, aber wie man bei der Lektüre erkennt, schildert es in fast noch deutlicherer Weise die Gegenwelt zum von Geldgier, Leistungsstreß und Hektik deformierten modernen Leben. Die Inselbewohner haben eine bessere Welt, weil sie weitgehend von der Arbeitsfron befreit sind – was sich die Arbeiterbewegung erst 400 Jahre nach »Utopia« mühsam erkämpfen konnte und was vom heutigen Wirtschaftssystem wieder in Frage gestellt wird – nicht nur in den 900 »Zonas francas« von China bis Mittelamerika. Sechs Stunden Arbeit am Tag reichen aus, um alle notwendigen Bedürfnisse zu befriedigen und auch genügend Ressourcen für ein »angenehmes Leben« zu schaffen. Das sagen nicht nur ver.di und die IG Metall. »Ein angenehmes Leben« in der Familie, aber auch in einer im wesentlichen freien Gemeinschaft, in der alle Religionen Platz haben, auch die, »die die Sonne, den Mond oder die Planeten anbeten«, ist das Staatsziel in Utopia. »Das Eldorado der Glaubensfreiheit, um nicht zu sagen: das Pantheon aller guten Götter«, nennt Ernst Bloch diese Republik.

Utopia ist ein Staat der Toleranz. Das Projekt von Thomas Morus stellte sich damit in einen diametralen Gegensatz zur Lehre der katholischen Kirche und damals vor allem der Inquisition. In Utopia gehört es zu den ältesten Grundsätzen, daß keinem aus seiner religiösen Überzeugung ein Vorwurf gemacht werden darf. Jeder kann die ihm einleuchtende Religion haben. Er darf aber nur soweit versuchen, andere zu ihr zu bekehren, wie er sie ruhig und sachlich mit vernünftigen Gründen empfiehlt, aber nicht durch Verunglimpfung anderer Religionen oder Gewalt. Der Utopier hält es für eine Anmaßung und auch für eine Dummheit, mit Gewalt oder Drohungen zu verlangen, daß das, was einer für wahr hält, auch alle anderen für wahr halten müssen. Wenn aber tatsächlich nur eine Ansicht wahr und jede andere falsch sein sollte, so erwartet er, daß die Macht der Wahrheit sich von selbst durchsetzt. Mit Waffen und Gewalt kommt nur der einfältigste Aberglaube nach oben.

Die Magna Charta des Grundgesetzes ist in Utopia vorweggenommen: Verboten ist »mit aller Strenge, die Würde des Menschen preiszugeben«. Auch die Atheisten haben in Utopia nichts zu befürchten. Allerdings ist es ihnen nicht erlaubt, zugunsten des Atheismus zu disputieren und zu werben, denn ohne die Aussicht auf ein Jenseits und die Existenz Gottes sei die Ordnung unter den Menschen nicht zu garantieren.

Bei der Ausübung der Religion sind die Frauen nicht benachteiligt. Ihre Priester sind verheiratet und haben Kinder. Und es gibt – in den Begriffen des katholischen Kirchenrechts – die Frauenordination, also auch Priesterinnen. Die Priester sind vor allem für das Beten und das Durchsetzen des Friedens da. Sie bitten nicht um den Sieg der eigenen Leute, sondern um einen für Freund und Feind unblutigen Frieden. Sie weihen keine Waffen.

In den Konzentrationslagern, Folterkammern und Gefängnissen unseres Jahrhunderts hat sich Morus' Schicksal unzählige Male wiederholt. Was hat Morus, einen Weltmann, dazu bewogen, alles aufzugeben im Kampf zwischen Gewissen und totalitärem Herrschaftsanspruch und zu einem Blutzeugen für die Gewissensfreiheit zu werden? Was hat ihn dazu bewogen, sich nicht den Dingen dieser Welt hinzugeben, obwohl er sie hatte, sondern seine innere Distanz und Freiheit zu bewahren?

So, wie Thomas Morus Auffassungen anderer tolerierte, so forderte er Toleranz für sich. Es mochten, so sagte er, andere Männer des Reiches in den strittigen Fragen zu anderen Auffassungen kommen, doch entscheidend für das Heil der Seele sei, daß Entscheidungen nicht der Obrigkeit, sondern dem Gewissen folgten: »Ich will Gott danken für die Klarheit und das Vertrauen, das er mir über mein Gewissen gab. Aber ich bete auch für alle, die nicht meiner Meinung sind.« Noch auf dem Schafott rief Morus aus: »Ich bin des Königs treuer Diener, aber zuerst Diener Gottes.« (Auf dem Höhepunkt des wilhelminischen Nationalismus 1912 sagte Hermann Hesse, sozusagen eine philosophische Stufe niedriger: »Ich bin gerne Patriot, aber vorher Mensch, und wo beides nicht zusammengeht, gebe ich immer dem Menschen recht.«)

In Utopia sind die wichtigsten Fragen des Staats geregelt: die Erziehung der Kinder, das Zusammenleben, einschließlich des gemeinsamen Essens, was jedoch privates Essen nicht verbietet, das Gesundheitswesen, in dessen Mittelpunkt der Kranke steht, das sorgenfreie Leben der Alten. Für die damalige Zeit völlig ungewöhnlich sind Vorschriften des Umweltschutzes. Es gibt ökologische Regeln, zum Beispiel daß Schlachthäuser vor der Stadt gebaut und Blut und Kot im fließenden Wasser weggespült werden müssen. Nur die sauberen und ausgenommenen Tiere gelangen in die Innenstädte; nicht nur wegen der Gefahr, daß »die Menschen das Erbarmen mit der Kreatur und das Gefühl unserer Natur verlieren«, sondern »außerdem wollen die Utopier nichts Unsauberes und Unreines in die Stadt einführen lassen, weil faulende Stoffe die Luft verpesten und dadurch Krankheiten verursachen könnten«. Schwerkranken ist die Möglichkeit der Euthanasie gegeben, wenn die Schmerzen so groß sind, daß die Menschen sie nicht mehr aushalten können. Es gibt in Utopia eine kontinuierliche Diskussion über die geistigen Güter, die äußeren und inneren Werte. Die Utopier reden von der Tugend und von der Lust und liefern glänzende Plädoyers gegen die Todesstrafe. Sie definieren die Lust als ausschlaggebenden Faktor des menschlichen Glücks. Das Leben soll nicht freudlos oder jammervoll verbracht werden. Tugend ist die Lust auf das naturgemäße Leben, für das die Menschen von Gott angelegt sind. Derjenige lebt nach den Weisungen der Natur, der in allem, was er anstrebt oder zu vermeiden sucht, dem Rat der Vernunft folgt. Vernunft führt zur Religion und zur Anerkennung einer göttlichen Majestät. Ein angenehmes Leben, so sagen die Utopier, die Lust schreibt uns als den Zweck aller

Handlungen die Natur selbst vor. Und wenn die Natur die Menschen einlädt, einander zu einem fröhlicheren Leben zu verhelfen, »heißt dich dieselbe Natur, darauf zu sehen, daß du nicht dadurch einen Vorteil wahrst, daß du einem anderen einen Nachteil zufügst«.

Lust nennt Utopia also jeden Zustand des Körpers oder der Seele, in dem zu leben ein Genuß ist und zu dem die Natur den Weg weist. Unechte Lust sind Eitelkeiten, die Einbildung, zum Adel zu gehören, weil man mehr Landgüter hat, die Sucht nach Juwelen und Edelsteinen und nach überflüssigem Besitz. Würfelspielen gehört zu den einfältigen Freuden so wie die Jagd, deren Ausübung die Utopier »als für die Freien entwürdigend« den Metzgern zuweisen. »Das Schauspiel, wie das Opfer vor den eigenen Augen zerfleischt wird, tut im Innersten weh. Man sieht, daß ein Hund ein Häslein, der Starke den Schwachen, der Brutale den Scheuen und Furchtsamen, der Grausame den Harmlosen zerreißt.« Sie betrachten die Jagd als die unterste Stufe der Metzgerei. »Im Schlachthaus werden die Tiere getötet, weil es nicht anders geht, der Jäger dagegen mordet und metzget sein armes Tierchen bloß um des Amüsements willen.«

Man ahnt, in welchen Wertekategorien »Big Brother« und die Horrorfilme unserer Fernsehanstalten landen würden. Die Aversionen gegen die Jäger sieht Erasmus von Rotterdam in seinem Brief an Ulrich von Hutten in dem Studium der »Formen, Gaben und Instinkte der verschiedenen Lebewesen« begründet. Erasmus über Morus: »Der hält sich daheim fast alle Arten von Vögeln und außerdem das, was es an weniger häufigen Tieren gibt, die Affen, Füchse, Marder, Wiesel und ähnliche; und taucht erst noch etwas Exotisches auf oder sonst etwas Seltsames, so kauft er es ohne Besinnen. Nun hat er von solchem Getier das Haus voll von oben bis unten.«

Ins Schleudern geraten die Utopier ein bißchen, wenn es um die Freuden des Körpers geht. Der Seele gehören die Freuden der Erkenntnis und der Betrachtung des Wahren und die feste Hoffnung auf das Glück im Jenseits. Die Vergnügen des Körpers teilen sich in zwei Arten. Die erste ist die, welche uns mit einem starken Wonnegefühl überrieselt. Dies stellt sich beim Essen und Trinken ein. Diese Lust verspürt man auch, wenn man den Darm entleert oder ein Kind zeugt oder einen jukkenden Körperteil kratzt. Dies ist nun nicht gerade eine theologische Sublimierung des Sexuellen, sondern weist eher darauf hin, daß dieser Heilige der katholischen Kirche ein unverkrampftes Verhältnis zur Sexualität besaß.

In früher Jugend hatte er den Wunsch, Mönch zu werden. Es wurde nichts daraus. Erasmus von Rotterdam informiert Ulrich von Hutten in schöner Offenheit: »Thomas Morus konnte von der Sehnsucht nach einer Gattin nicht loskommen. Deswegen heiratete er eine blutjunge Tochter aus vornehmen Hause, die ein früher Tod hinwegraffte«, und fährt dann fort: »Ohne Frau aber hielt es Morus nicht lange aus. Er heiratete später eine Witwe.« Und: »Er lebte mit ihr in einer zärtlichen und vergnügten Ehe.«

Schönheit, Kraft, Lebendigkeit: diese erfreulichen Gaben der Natur finden bei den Utopiern begeisterte Verehrer. Und ihnen sind auch diejenigen Freuden willkommen, »welche sie durch Ohr, Auge, Nase einlassen und welch die Natur eigens dem Menschen vorbehalten hat«.

In anderen Gesellschaften außerhalb von Utopia gibt es nach Auffassung der Utopier keine Spur von Gerechtigkeit und Billigkeit. Denn wo bleibt die Gerechtigkeit, so fragen sie, wenn ein Adliger, ein Goldschmied, ein Wucherer oder sonst einer von denen, die entweder nichts oder nichts für das Gemeinwesen Nötige tun, herrlich leben und in Freuden in ihrer Untätigkeit oder unnützen Tätigkeit verharren, der Knecht aber, der Fuhrmann, der Bauarbeiter, der Bauer eine so schwere und so andauernde Arbeit leisten, wie sie kaum ein Zugtier aushält? »Die Gerechtigkeit ist so notwendig, weil ohne sie kein Staat auch nur ein Jahr lang bestehen könnte. Sie haben nur kümmerlich zu essen und führen ein so jämmerliches Leben, daß das Los der Arbeitstiere viel besser scheinen möchte. Tiere machen sich keine Sorgen um die Zukunft. Die Menschen aber seufzen unter der unergiebigen, unerträglichen Fron des Heute, und dazu quält sie jetzt noch der Gedanke an das kommende hilf- und mittellose Alter. Der tägliche Lohn ist ja zu gering, um für den gleichen Tag zu genügen, geschweige denn, daß etwas herausschaute und sich erübrigen ließe, was Tag um Tag zur Verwendung im Alter beiseite gelegt werden könnte.«

Die heutige Privatisierung der Grundrisiken des menschlichen Lebens liegt auf der gleichen Linie, und ihre Vertreter haben keine Lösung für diejenigen, die einen Kapitalstock gar nicht bilden können oder deren Kapitalstock pleite geht. Morus nennt das ein ungerechtes und undankbares Gemeinwesen, das Edelleuten und Goldschmieden – wir könnten heute sagen Börsenspekulanten – und ihren Schmeichlern und Handlangern – heute zum Beispiel manchen Wirtschaftsredakteuren und wirtschaftswissenschaftlichen Instituten – Einfluß verschafft, für Bauern aber, für Kohlenbrenner, Knechte, Fuhrleute, Bauarbeiter, ohne die es gar kein Gemeinwesen gäbe, »keinerlei freundliche Vorsorge trifft, sondern die Arbeitskraft ihrer besten Jahre ausnützt und, wenn diese alt und krank sind und völlig mittellos, kein Gedächtnis mehr hat für so viele Menschen und ihnen nichts bietet als den Tod im Elend«.

2,6 Milliarden Menschen haben heute pro Tag weniger zum Leben als den Gegenwert von zwei US-Dollar, das ist weniger, als die Amerikaner und Europäer für Hundefutter ausgeben. »Vom Taglohn der Armen«, so Morus, »zwacken die Reichen täglich noch etwas ab – nicht nur durch private betrügerische Manipulationen, sondern auch aufgrund staatlicher Gesetze.« Er nennt die Gemeinwesen außerhalb Utopias die reinste Verschwörung der Reichen, die unter dem Namen und Titel des Staats den eigenen Vorteil verfolgen.

Das Buch »Utopia« unterzieht die sozialen und ökonomischen Verhältnisse der damaligen Zeit einer unnachsichtigen Kritik. Die Edelleute werden als Faulenzer bezeichnet, die »wie die Drohnen von der Arbeit anderer leben«, indem sie »die Pächter auf ihren Gütern um der Steigerung ihrer Einkünfte willen bis aufs lebendige Fleisch schinden«. Muß man nicht sofort an die Oligopole und Monopole der heutigen Zeit denken, die, aus Marktbereinigungsgründen oder um die Kapitalrendite zu erhöhen, Zehntausende von Menschen auf die Straße setzen, wenn Thomas Morus schildert, wie wegen der Produktion der immer feineren und teureren Schafswolle immer mehr Land in Weiden verwandelt wird und den Bauern dazu ihre Äcker genommen werden? Alles Land wird zu Wiese und Weide gemacht, Gehöfte abgetragen und Dörfer zerstört, nur die Kirche darf als Stall für die Schafe stehenbleiben. Bauern ziehen von dannen, Männer, Frauen, Eheleute, Alleinstehende, Witwen, Eltern mit kleinen Kindern ziehen aus ihren vertrauten Heimstätten weg und finden nirgends Arbeit. Was sie sich ihr Leben lang erarbeitet haben, müssen sie – wie bei Hartz IV – für einen Spottpreis losschlagen. Vielen bleibt schließlich nichts anderes übrig als zu stehlen und zu rauben, um dann am Galgen zu enden. Die Bauern haben nichts mehr zu bestellen. Ein einziger Schafhirte, ein einziger Kuhhirte genügt ja, um das Vieh eine Fläche abweiden zu lassen, deren Bebauung und Bereitstellung für die Aussaat sonst immer viele Hände erfordert hatten.

Die Gesetze des Kapitalismus sind offensichtlich zeitlos. Morus spricht schon damals von Monopolen und Oligopolen. Gewerbe und Handel sind in der Regel in die Hände einiger weniger gefallen. Die Verteuerung des Lebens ist daran schuld, daß jeder möglichst viele Knechte entläßt – wohin, so fragt Morus, außer auf die Straße als Bettler oder, was einem unabhängigen Charakter eher zusagt, als Räuber?

Dem Entwurf von »Utopia« liegt die Erkenntnis zugrunde, »daß überall, wo es Privateigentum gibt und wo gleichzeitig jedermann alles nach dem Geldwert bemißt«, es in einem Staatswesen kaum gerecht zugehen und das Glück herrschen kann, es sei denn, man wäre der Ansicht, »dort gehe es gerecht zu, wo das Beste an die Schlechtesten kommt, oder dort herrsche das Glück, wo alles unter wenige verteilt wird und auch diese wenigen nicht in jeder Beziehung gut daran sind, die übrigen aber ganz schlecht«.

So wie damals Tausende von Bauern ihr Eigentum verloren und von ihren Feldern gejagt wurden, warten heute Hunderte Millionen von Menschen in Europa und in den Vereinigten Staaten auf den nächsten Schlag aus den Konzernzentralen der Finanz- und Großindustrie, der sie in die Arbeitslosigkeit und schließlich mit Hilfe der Politik auf die unterste Sprosse der sozialen Stufenleiter befördert.

Die Frage ist: Wo bleibt der Aufschrei der Kirchen, deren Heiliger Thomas Morus ist, und der politischen Parteien, und warum überlassen sie den notwendigen massiven Protest gegen diese neue Form der Ausbeutung Organisationen wie Attac oder Amnesty International und setzen sich nicht selbst an dessen Spitze?

Thomas Morus hätte nicht geschwiegen – der Mann, über den Erasmus noch zu dessen Lebzeiten sagte: »Es ist kaum leichter, Morus zu malen, als Alexander oder Achill; beide verdienen die Unsterblichkeit nicht mehr als unser Morus.«

Radikale Antworten

Das Paradies auf Erden ist die Wunschvorstellung der meisten Menschen auch in dieser Welt, wobei schon bei der Frage, wie es aussehen sollte, die Meinungen auseinandergehen. Die Abwesenheit von Hunger, Krieg, Streit, Unglück und Krankheit kann man aber als Mindeststandard eines Paradieses ansehen. Gehören erfüllte Liebe dazu, Sex, unberührte Natur, Religion, Musik, überhaupt die schönen Künste wie Dichtung und Malerei, gutes Essen, Wein, Berge und Meer?

Alle Versuche, nur den Mindeststandard zu schaffen, sind gescheitert. Einzelnen Menschen ist es vergönnt, in paradiesischen Zuständen zu leben, weniger durch materiellen Wohlstand als zum Beispiel durch eine dauerhafte Liebesbeziehung. Auch kleineren Gemeinschaften ist es gelungen, wie Berichte von Forschern und Missionaren etwa aus dem Amazonasgebiet belegen, Lebensformen zu entwickeln, die sowohl den Interessen der Gemeinschaft als auch den individuellen Vorstellungen ihrer Mitglieder genügen. Aber sogar das beste Liebesverhältnis und die humanste Gemeinschaftsordnung sind nicht in der Lage, dauerhaftes Glück zu garantieren.

Glück durch Entsagung

Auch sind entgegen allen anderslautenden Behauptungen die Doktrin, die Regeln und die Praxis der christlichen Kloster- und Ordensgemeinschaften nicht darauf angelegt, das persönliche Glück ihrer Mitglieder zu fördern, sehen sie es doch als ihre eigentliche Aufgabe an, durch Entsagung auf menschliches Glück zu verzichten, um demjenigen zu folgen, der sich zum Heil der Menschen zu Tode foltern ließ. Die Vorstellung, Glück durch Entsagung zu erreichen – durch Verzicht auf irdische Liebe, materielles Eigentum, persönliche Freiheit und Unabhängigkeit –, hat viele fasziniert und große Heilige der katholischen Kirche hervorgebracht: Katharina von Siena, Franziskus von Assisi, Ignatius von Loyola, dessen Lehre es für möglich hält, daß ein neuer Mensch geschaffen werden könnte durch die »abnegatio sui ipsius«, die Tötung des alten Menschen, die Zerstörung des Ich, um dadurch zur wahren Freiheit zu gelangen, nämlich nur noch das zu wünschen, was Gott will. Konsequenterweise sieht er die Tod- und Hauptsünde des Menschen, in wohltuendem Gegensatz zur offiziellen Moraltheologie, nicht in Sex und gutem Essen, sondern im Hochmut, der Ursünde des »furchtbaren und klugen Geistes«, wie Dostojewski den Luzifer nennt, der sein wollte wie Gott.

Glück durch Freitod?

Aber wäre es dann nicht richtig, den Gedanken »Glück durch Entsagung« radikal zu Ende zu denken? Das höchste Glück wäre demnach der Tod, in dem der Mensch sich aller Wünsche entäußern kann: leben ohne Schmerzen, ohne Liebeskummer und gescheiterte Ehen, ohne Nachbargetuschel und üble Nachrede, ohne Mobbing, gescheiterte Examina, Demütigung durch Arbeitslosigkeit, ohne Armut und Unglück in der Familie, ohne Zweifel an der Berechtigung der eigenen Existenz. Der Selbstmord ist folgerichtig für viele der Weg zum eigentlichen, wahren Glück: nichts mehr zu wissen von einem Leben, das man nicht gewollt hat, das einem aufgezwungen wurde, an dessen Anfang man nicht gefragt wurde. Im antiken Athen predigten die Kyniker auf der Agora den Selbstmord als höchste menschliche Weisheit. Sie waren von ihrer Lebenseinstellung Sokratiker, die Bohemiens, die Existentialisten, die Hippies, die Clochards der damaligen Zeit, die lieber im Freien schliefen, als sich bei einer Arbeitsagentur zu melden. Die Freiheit von allen Übeln war für sie das höchste Gut, welches nur durch Selbstgenügsamkeit erreicht werden konnte, eine Tugend, die auch im Freitod münden mochte, wobei die Kyniker, auch hier konsequent, den Tod auf die leichte Schulter nahmen und das Publikum durch Beispiele informierten, wie man sich am leichtesten umbringen könne. Von Diogenes wurde berichtet, er habe Selbstmord begangen, indem er die Luft anhielt. Der Philosoph Metrokles soll sich im hohen Alter mit den eigenen Händen erwürgt haben. Demonax setzte seinem Leben ein Ende, so wird gesagt, indem er einfach aufhörte zu essen. Ein solcher finaler Hungerstreik gegen sich selbst führte bei dem Philosophen Straton dazu, daß er an Auszehrung starb, ohne es zu merken.

Zwangsbeglückung

Ein solches Glück ist allerdings nur wenigen vermittelbar, die allermeisten schreien nach Brot, solange sie leben. Da dieser berechtigte Wunsch in der Menschheitsgeschichte aber nie für alle in Erfüllung ging, vielmehr ständig Zehntausende, ja Millionen verhungerten, obwohl genug Nahrungsmittel und Geld für alle vorhanden waren, kamen immer wieder die Klügsten und moralisch Sensibelsten ihrer Zeit auf die Idee, das Glück für alle zu erzwingen. Aber sie wurden, wie Spartakus, Thomas Münzer, Gandhi, Schinderhannes, Martin Luther King, Jesus – der, wie wir sehen werden, zu Unrecht in Verdacht geriet –, von den Mächtigen, Satten, Reichen ermordet. Oder die Aufbegehrenden wurden wegen ihres totalitären Anspruchs selbst zu Diktatoren, die Kommunisten, Sandinisten, Fidelisten und die Kardinäle der Heiligen Inquisition, die in diese Reihe gestellt werden müssen.

Faschisten und Nationalsozialisten gehören nicht dazu, weil sie weder in ihren Anfängen noch in ihrer Philosophie, noch im Vollzug ihrer Herrschaft humane Ziele verfolgten, sondern das Gegenteil, die Ausrottung Andersdenkender, auch oder gerade, wenn sie hungrig und schwach waren.

Es ist der ewige Widerspruch zwischen Freiheit und Gleichheit, der es unmöglich zu machen scheint, Glück zu verordnen oder gar zu erzwingen. In Dostojewskis Erzählung »Der Großinquisitor« wirft dieser Jesus vor, sich für die Freiheit und gegen die Gleichheit entschieden zu haben. Jesus erscheint in Sevilla, »wo gerade die Scheiterhaufen der Ketzer prasselten«, und fängt an – wie 1600 Jahre vorher – auf den Plätzen und Straßen zu reden. Die

Massen strömen ihm zu, der Großinquisitor wird Zeuge dieses Ereignisses, läßt Jesus verhaften und stellt ihn zur Rede: »Warum störst du uns?« Er wirft Jesus vor, das Glück der Menschen verraten zu haben, als er sich weigerte, bei der sogenannten Versuchung in der Wüste durch den »furchtbaren und klugen Geist« aus Steinen Brot zu machen. Nicht die von Gott geschenkte Freiheit in einem Reich der Liebe mache Menschen glücklich und bewahre sie vor Armut, Krankheit und vorzeitigem Tod, sondern die Kirche müsse sich nach diesem Verrat an den Menschen mit dem »furchtbaren und klugen Geist« verbünden, sich selbst zu Gott machen und den Millionen von elenden und armen Menschen Brot und Glück verschaffen; dafür müßten sich diese der Autorität der Kirche beugen und auf die Freiheit verzichten. Die Inquisition mit ihrer Zwangsbeglückung ist genauso gescheitert wie die Zwangskonzepte von Pseudokirchen und politischen Ideologen.

Unsterblichkeit durch Nachruhm?

Wenn aber der Tod und die Zwangsbeglückung, die beiden radikalen Antworten auf die Frage nach dem Glück, für die große Mehrheit der Menschen nicht konsensfähig sind, bleiben auf der Suche nach dem Glück, nach dem irdischen Paradies nicht mehr viele Alternativen übrig. Gut, die irdische Liebe kann zeitweilig Erfüllung bringen, aber sie ist singulär, oft exzeptionell, immer individuell, und vor allem kann man von ihr bekanntlich nicht leben. Auch drängt die Zeit, das Leben ist kurz, es gibt vom Tod keine Ausnahmen, von hundert Menschen sterben hundert. Im Lebensalter und in den Todesumständen aber gibt es himmelweite und himmelschreiende Unterschiede: Die einen bringen die anderen um, manche sind reicher, deshalb oft gesünder und besser, nämlich privat, versichert und können daher meistens auch länger leben – dennoch bleibt es dabei: Der Tod ist total demokratisch. Er packt den Milliardär genauso wie den Busfahrer, die Lidl-Verkäuferin und Josef Ackermann, er macht alle gleich, egal, ob jemand Präsident ist oder bei der Müllabfuhr arbeitet.

Daran ändert auch das schönste Mausoleum nichts. Es sei denn, man erfreut sich daran, daß man weiterlebt in der Erinnerung der Lebenden, die auch bald drankommen. Die Chancen auf diese Art der Unsterblichkeit sind jedoch relativ gering. Die überaus meisten der angeblich 106 Milliarden Menschen (so jedenfalls das US-amerikanische Population Reference Bureau), die bisher auf der Welt gelebt haben, sind spurlos verschwunden, vermodert, verblasen, verweht.

Ich steige wenigstens einmal im Jahr zur Burg Trifels hinauf, der alten Reichsfeste, und überlege mir, wie viele Leute, einschließlich des hier gefangengehaltenen englischen Königs Richard Löwenherz, schon den steilen Burgweg hochgegangen oder hochgeritten sind – wir haben von den allermeisten keine Kenntnis mehr; aber sie waren wie wir Menschen aus Fleisch und Blut, mit Haut und Knochen, mit Glück und Leid, Hoffnung und Liebe, geschlagen von Krankheit und Schmerz. Sie sind weg, verschwunden, namenlos, spurlos, trostlos.

Viele können sich natürlich mit einem solchen Schicksal nicht abfinden und sagen sich: Wenn ich dann sterben muß, das kann's doch nicht gewesen sein. Deshalb haben die Menschen immer wieder versucht, einen Ausweg aus diesem existentiellen Dilemma zu finden.

Es gibt neben der Todesangst weitere Ängste. Die meisten sind aber nicht begründet. Es gibt die Atomangst, die Fremdenangst, die Raketenangst. Viele haben jahrzehntelang CDU gewählt, weil sie sagten: »Sonst kommen die Russen.« Nun kamen die gar nicht. Dafür kommen jetzt ganz andere.

Die einzige total begründete Angst ist die Todesangst. Viele hoffen inzwischen auf die moderne Medizin, auf die Gentechnologie. Aber selbst wenn das Wunder der Unsterblichkeit gelänge, was würde es helfen? Bald gäbe es keinen Platz mehr auf der Erde. Millionen müßten auswandern, aber wohin? Auf den Mond, die Venus, den Mars? Wer muß dann auf den Mars, und wer darf auf der Erde bleiben? Wahrscheinlich würden schon wegen dieser Frage Atomkriege entfesselt werden, in denen sich Menschen dann selbst dezimierten.

Also, der Tod macht echte Probleme. Dem griechischen Philosophen Epikur waren Unsterblichkeitsphantasien zuwider. Vor dem Sterben setzte er sich in einen Bottich mit heißem Wasser, trank Wein und unterhielt sich, bis der Tod eintrat. Er meinte, man solle sich wegen des Todes nicht so viele Gedanken machen, man könne ihn ohnehin nicht verhindern, und oft sei die Angst vor dem Tod schlimmer als der Tod selbst. »Solange wir sind, ist der Tod nicht da, und sobald er da ist, sind wir nicht mehr«, schrieb er an seinen Freund Menoikeus. Der römische Philosoph Seneca sah im Nachruhm die einzige Möglichkeit des Überlebens. Aber selbst den Auserwählten gelingt dies nur höchst unvollkommen: Was wissen die Millionen in den Elendsvierteln von Kalkutta, den

Favelas in São Paulo und den Ranchos in Caracas von Mozart, Einstein und Goethe oder gar von Franz Josef Strauß und Erich Honecker? Nur Jesus kennen alle, aber der ist ja auch von den Toten auferstanden und in den Himmel gefahren, wie behauptet wird.

Illusion und Zweifel

Unter den Glücksalternativen gibt es eine, die eine massenhafte Verbreitung erfahren hat und lautet: Das Leben auf der Erde ist vorläufig, ein Durchgangsstadium, das eigentliche Leben beginnt erst nach dem Tod und findet im Paradies statt. Diese Lösung des Problems setzt nach herrschender theologischer Lehre die Existenz Gottes voraus und ist der Vorschlag der sogenannten prophetischen Religionen Christentum, Judentum und Islam. Die asiatischen Religionen, Hinduismus und Buddhismus (der Konfuzianismus ist eher eine Morallehre), mit ihrer pantheistischen Vorstellung von Gott sagen, daß das Göttliche in der Natur der ganzen Welt anwesend sei, auch in den einzelnen Dingen, und daß der Mensch als Teil der von Gott durchwirkten Natur durch Selbstbestimmung und Meditation die Einheit mit dem Göttlichen und damit das höchste Glück erlangen könne.

Opium des Volkes

Das Verschieben des Glücks und des Paradieses ins Jenseits, das Karl Marx als »Opium des Volkes« bezeichnet, hat schwerwiegende Folgen. Überall finden die Islamisten einen großen Zulauf, weil sie den Menschen das Paradies im Himmel versprechen, vor allem wenn diese ihr Leben für den Islam einsetzen und als Selbstmordattentäter zu Märtyrern werden. Der Tod eines Glaubenszeugen ist der edelste, der überhaupt denkbar ist. Der Märtyrer überwindet nach Ansicht der muslimischen Gelehrten die natürliche Furcht des Menschen vor dem eigenen Tod und handelt im Namen Gottes.

Die Blutzeugen werden im Paradies gekrönt, wo kühle Ströme fließen und herrliche Fruchtbäume wachsen. Sie trinken dort nicht berauschenden Wein und erfreuen sich an Jungfrauen mit schwellenden Brüsten, den sogenannten Huris, die niemand zuvor berührte. Die Frage bleibt unbeantwortet, woran sich die Frauen erfreuen, die nach dem Koran ja auch in das Paradies kommen dürfen.

In der spirituellen Anleitung, die der Selbst- und Massenmörder Mohammed Atta in seinem Gepäck trug, als er in das Flugzeug stieg, mit dem er in den Nordturm des World Trade Center raste, stand: »Dies ist die Stunde, in der du Gott treffen wirst. Bete zu Gott, Gott hilf mir, dies zu tun.« Erstaunlich ist die immerwährende Berufung auf Gott, die sich zu einer fast unerträglichen Penetranz steigert: »Wenn du im Flugzeug bist, solltest du zu Gott beten, denn du tust dies für Gott. Wie der allmächtige Prophet sagt, ist eine Tat für Gott besser als die ganze Welt.«

Ist das etwas Besseres als das »Deus lo vult!« – »Gott will es!« – der Kreuzzügler und Mordbrenner in Jerusalem? Sie schnitten sich Stoffkreuze aus den Umhängen und hefteten sie zum Zeichen der Pilgerschaft in der Nachfolge Christi an ihre Schultern.

In der Anleitung für den Terroristen geht es so weiter: »Bete, bete, bete, damit du nicht schwankend wirst und aus Angst die Vorhaben aufgibst. Öffne dein Herz, heiße den Tod im Namen Gottes willkommen.« Wenige Sekunden vor dem Einschlagen in den Turm soll er sich an die Verheißung erinnern: »Öffne dein Herz, denn du bist nur einen kurzen Moment noch entfernt von dem guten, einzigen Leben voller positiver Werte in der Gesellschaft von Märtyrern.« Wenn es geschehen ist, »rufen Engel deinen Namen und tragen für dich ihre schönsten Kleider«.

Ich war stockkatholisch

Zweifel an Gott und der Religion begleiten mich seit meiner Kindheit. Als Schüler war ich der katholischen Kirche stark verbunden. Ich war, so sagte man, »stockkatholisch«. So überraschend es klingen mag, liberal wurde ich erst durch die Erziehung und Bildung der Jesuiten.

Die starke konfessionelle Bindung entstand in der Nazizeit. Die Konfessionsschule, die 1936 im ersten Grundschuljahr noch möglich war, die Pfarrgemeinden in Ravensburg und Tuttlingen mit ihren damals noch zahlreichen Pfarrern und Kaplänen, der verfolgte Bischof Joannes Baptista Sproll von Rottenburg waren mir als Kind so sympathisch, weil sie meinen Eltern in ihren Auseinandersetzungen mit der NSDAP, vor allem mit dem Kreisleiter Rudorf, einen starken seelischen Rückhalt gaben. Die Schikanen der Nationalsozialisten hatten oft religiöse Gründe: Teilnahme der Kinder an Fronleichnamsprozessionen, Besuch von Konfessionsschulen, die Mitgliedschaft meines Bruders in der katholischen Jugend (bis zu deren Verbot 1938), Teilnahme am Bischofstag 1935 und an als Wallfahrten getarnten Protestversammlungen wegen des Schulverbots und der Verhaftung und Absetzung des Bischofs Sproll.

Mein Vater stand als württembergischer Vermessungsbeamter und wegen früherer Tätigkeit in der Zentrumspartei unter ständigem politischem Druck, was mir, meinen drei Schwestern und meinem Bruder in unterschiedlicher, altersbedingter Intensität nicht verborgen blieb. Als die Konfessionsschule abgeschafft und durch die Deutsche Einheitsschule ersetzt werden sollte, hielt mein Vater auf dem Ravensburger Festplatz unter großem Beifall eine Rede dagegen. Meine Mutter nahm ohnehin kein Blatt vor den Mund, was die NS-Partei betraf, weder zu Hause noch in der Öffentlichkeit.

Das spielte sich im Alltag dann etwa so ab: Meine Schwester Rita sollte an Pfingsten ins Nazi-Jungmädellager. Der BDM*-Führerin, die meine Schwester abholen sollte, erklärte meine Mutter: »Die Rita bleibt da! Bei uns geht man an Pfingsten nicht ins Lager, sondern in die Kirche!« Das alles konnte auf die Dauer nicht gutgehen.

Wir kannten die Gemütslage der Eltern und solidarisierten uns natürlich mit ihnen und denen, die ihnen beistanden. Daß mein Freund und Spielkamerad, das »Zigeunerkind« Kajetan, deportiert worden war, bestärkte mich in meinem kindlichen Widerwillen gegen die Menschen, die uns nicht in Ruhe ließen, und in meiner Begeisterung für die katholische Kirche; Kajetan war als Zigeuner ja auch Katholik gewesen.

---

* Der Bund Deutscher Mädel (BDM) war der weibliche Teil der Hitlerjugend.

Und dann waren da noch meine Großeltern mütterlicherseits, die bis zu ihrem Tod stolz darauf waren, nie »Heil Hitler!« gesagt zu haben. Georg Buck war bis zu seiner Pensionierung Oberamtsbaumeister in Oberndorf am Neckar gewesen. Einige der von ihm gebauten Schulhäuser stehen heute noch, renoviert und umgewandelt in Volksbanken und Kreissparkassen, zum Beispiel in Epfendorf und Waldmössingen. Seine Ehefrau Theresia ging jeden Morgen in die Heilige Messe, der Großvater mußte widerwillig mit, obwohl er wegen einer Behinderung nicht gut laufen konnte, und mir blühte das gleiche, wenn ich in den Ferien bei ihnen war.

Das hatte immerhin den Vorteil, daß ich als Ministrant die katholische Messe in den wichtigsten Teilen auf lateinisch auswendig lernte (deutschsprachige Messen gab es erst nach dem Zweiten Vatikanischen Konzil, das 1962 begann). – Besonders beeindruckt war ich, schon weil sie sprachlich so schauerlich klang, von der Sequenz der Totenmesse: »Dies irae, dies illa – solvet saeclum in favilla – teste David cum Sibylla«, die in Mozarts Requiem eine phantastisch-schreckliche Eskalation erfährt. Dieser damalige Marathon-Kirchenbesuch versetzt mich heute, wahrscheinlich als einziger im Saal, in die Lage, bei der Aufführung des Requiems den fürchterlich-schönen lateinischen Text nicht nur von vorn bis hinten zu kennen, sondern auch zu verstehen.

Später, als ich als Elfjähriger schon einigermaßen Latein konnte, begannen wegen des »Dies irae« (»Tag des Zorns«) in meinem kindlichen Gemüt die ersten Gotteszweifel, die später wuchsen und wuchsen und die mich bis heute nicht loslassen.

Hat Religion einen Sinn?

Meldungen an einem Tag

Alles Meldungen von einem Tag, vom 4. November 2008, einem Dienstag:

Andrea Ypsilanti (SPD) kann wegen vier Abweichlern in der eigenen Landtagsfraktion nicht Ministerpräsidentin von Hessen werden. In den Vereinigten Staaten beginnt die Präsidentenwahl, Barack Obama liegt vorne. In Zweibrücken sticht ein 27jähriger Pole einem Landsmann ein Messer in den Bauch, das Opfer verblutet. Es wird bekannt, daß ein Kapuzinerpater aus der Schweiz während 35 Jahren 24 Jungen, darunter 5 Behinderte, sexuell mißbraucht hat. In Straßburg wird die verstümmelte Leiche einer Frau am Ufer der Ill entdeckt. Die Tote ist nackt und hat Brandstellen im Gesicht und an den Genitalien. In einem Obdachlosenlager bei Los Angeles werden fünf Menschen im Schlaf erschossen. Eine neuseeländische Pizzakette wirbt mit einem Spot, in dem der verstorbene Schauspieler Heath Ledger, Queen Mum und der Mount-Everest-Bezwinger Edmund Hillary auf ihren Gräbern tanzen. Amnesty International meldet, daß in der somalischen Stadt Kismajo ein 13jähriges Mädchen gesteinigt wurde. Aisha war von drei Männern vergewaltigt worden und von einem islamischen Gericht wegen außerehelichen Geschlechtsverkehrs zum Tod verurteilt worden. Ungefähr tausend Zuschauer sahen mit Johlen zu, wie Dutzende von Männern Steine auf das Kind warfen, das bis zur Hüfte eingegraben worden war.

Nicht in der Zeitung stand, daß an diesem 4. November 2008 meiner ältesten Schwester Annemarie das rechte Bein im Marienhospital in Stuttgart amputiert wurde. Das andere Bein wird folgen. Am Abend zuvor war mein 102jähriger Schwiegervater im Krankenhaus aus dem Toilettenstuhl gefallen, weil die für die Aufsicht verantwortliche Schwester zu einem anderen Patienten abberufen und mein Schwiegervater wegen Personalmangels eine halbe Stunde allein gelassen wurde. Beim Fallen wurde der in der Blase blockierte Katheter durch die Harnröhre hindurch herausgerissen, so daß eine Notoperation gemacht werden mußte.

Am 4. November 2008 stand, unabhängig vom Wahlausgang, fest, daß ein amerikanischer Präsident abgewählt würde, der für seinen mit Lügen begründeten Krieg gegen den Irak mehr als eine Billion Dollar ausgegeben hatte. Die meisten Menschen auf dieser Erde sind sich wahrscheinlich einig darüber, daß der Irakkrieg kriminell ist, auch wenn er einen brutalen Diktator beseitigt hat. Die Welt hat den Krieg nicht verhindern können, und das macht einen zornig. Liest man die Nachricht aus Somalia, kocht in einem auch die Wut hoch, und man möchte mit »Feuer und Schwert« dreinschlagen, um solche Barbareien zu beenden und die Verantwortlichen vor Gericht zu stellen.

Solche Nachrichten sind jedoch nichts Besonderes. Sie können sich jeden Tag wiederholen, und die Grausamkeit der ihnen zugrunde liegenden Ereignisse scheint beliebig steigerbar. Während ich dieses Buch schreibe, werden Minute um Minute, Stunde um Stunde, Tag um Tag

Hunderttausende von Kindern brutal mißhandelt, Zehntausende gefoltert, Hunderttausende von Frauen vergewaltigt und unzählige Menschen umgebracht. Könnte man die Schreie dieser gequälten, gesteinigten, gedemütigten, geschlagenen, ermordeten Menschen alle gleichzeitig hören, würde dieser Schrei alles Leben auslöschen.

Was ist das für eine Welt? In derselben Sekunde, in der tausendfach vergewaltigt und gemordet wird, lieben sich Tausende von Frauen und Männern in geschlechtlicher Vereinigung und empfinden wenigstens für einen Moment höchstes sinnliches und seelisches Glück. So ist es seit Menschengedenken, und seit Menschengedenken gibt es Philosophen, Religionsstifter, Kirchenlehrer, Politiker, Naturwissenschaftler, die versucht haben, Elend und Glück auf einen Nenner zu bringen und dafür eine plausible Erklärung zu finden.

Die argumentative Ohnmacht

Jeden Sonntag erscheint der »Pilger«, die Kirchenzeitung für die Diözese Speyer, und sie landet am Dienstag in den Briefkästen der Katholiken. In der Ausgabe zu Allerseelen, dem Gedenktag für die Verstorbenen, schildert ein Diakon Hartmut von Ehr einen Schicksalsschlag in einer Familie, hervorgerufen durch einen Autounfall. Er berichtet vom Entsetzen, der Ungläubigkeit, dem Zorn und der Aggression der Angehörigen. Was kann das für ein Gott sein, der mir dieses Schicksal beschert? fragt der Autor. Doch er hat keine Antwort. Er erklärt, eine Antwort könne es auch nicht geben, die Menschen hätten nichts sicher in der Hand, und schließt daraus, daß unser

Leben ein anderes Fundament haben müsse als Hab und Gut, als Gesundheit und Arbeit. Verzweiflung komme nur dann, wenn man davon ausgehe, daß allein das Jetzt, das Heute die einzige Zeit des Lebens sei. Aber es gebe ja ein Leben danach, ein ewiges Leben, für das Gott allerdings eine Voraussetzung geschaffen habe, nämlich den Glauben an Jesus, der eine Brücke zu Gott baue. Er sei das Tor, durch das wir Menschen zu Gott kämen. Nicht durch Zwang und Druck, sondern allein durch unsere eigene Entscheidung.

Aber das sind nur Behauptungen. Angesichts der Erkenntnis der Ausweglosigkeit, der Ohnmacht und angesichts der Unfähigkeit zu erklären, was sich auf dieser Erde abspielt, greift man zu einem Dogma: Das irdische Leben mit Tod und Elend, Krankheit und Verbrechen sei nur vorläufig, das eigentliche, ewige, glückliche Leben warte in der Zukunft. Aber wer hat das so eingerichtet oder soll man sagen angerichtet? Ein Gott? Was für ein Sinn soll darin liegen, das Leben in zwei Teile aufzuspalten, einen ersten mit sinnloser Qual und nicht begründbarem Leid und einen zweiten mit Glück und Seligkeit. Die diesseitige sinnlose Welt wird doch nicht dadurch sinnvoll, daß ihr eines Tages eine andere Welt folgt. Real ist allein die hiesige Welt mit ihren unmenschlichen Bedingungen, die neue Welt hat noch niemand gesehen. Aber diese andere Welt soll der Ort sein, in dem Verbrechen, Not, Qual und Krankheit, das Böse überhaupt, keinen Platz haben, der Himmel. Wenn das so ist, muß es einen Gott geben, der die Verantwortung trägt für beides: die Hölle dieser Erde und den Himmel im Jenseits.

Das Dilemma von Philosophie und Theologie

Es gibt zwei Wege, um die Frage nach Gott zu beantworten. Der eine Weg ist die Philosophie. Die Philosophie ist strenggenommen eine voraussetzungslose Wissenschaft, genauso wie die Naturwissenschaften. Die Theologie dagegen setzt das voraus, was sie eigentlich erst beweisen müßte. Man könnte sie daher Inzuchtwissenschaft nennen. Sie beschäftigt sich nicht lange mit der Frage, ob es einen Gott gibt, sondern unterstellt seine Existenz einfach. Dem folgen die theologischen Konstrukte und die Säkularisierung Gottes, denn der Glaube an ihn muß den Menschen plausibel gemacht werden. Deswegen ist Gott in den Aussagen aller Religionen ein überdimensionierter Mensch. Er hat alle Macht, er ist allwissend, er ist auch der rächende und der strafende Gott, so, wie Menschen auch strafen und rächen. Er ist der gütige Gott, so, wie es auch gütige Menschen gibt, der liebende Gott, so, wie es auch liebende Menschen gibt.

Den Gescheitesten unter den Theologen war allerdings klar, daß sie um die Frage der Existenz Gottes nicht ganz herumkamen. Deswegen haben sie versucht, einen Gottesbeweis nach dem anderen auf philosophischer Grundlage vorzulegen. Aber es gibt keinen überzeugenden Gottesbeweis. Alle derartigen Versuche von Anselm von Canterbury bis hin zu Thomas von Aquin können als gescheitert angesehen werden. Denn sie führen in eine unendliche Regression: Die Antwort auf eine Frage wirft sofort eine neue Frage auf, deren Antwort wieder hinterfragt werden kann, und dies kann man bis ins Unendliche weitertreiben. Der britische Biologe Richard Dawkins führt zum Beispiel fünf Beweise an, deren Titel schon genügen, um das Dilemma mehr als anzudeuten: der unbewegte Beweger, die Ursache ohne Ursache, das kosmologische Argument, das Argument der Stufungen, das Gestaltungsargument.* Wenn man also Gott als Antwort auf die allerletzte Frage anführt, dann ist es nur logisch, daß auch Gott hinterfragt werden kann, zum Beispiel von wem er bewegt oder verursacht worden ist.

Es gibt ein Argument, das mich lange Zeit sehr beeindruckt und auch überzeugt hat. Es ist ein Argument, das auch in dem Roman von Aldous Huxley »Point Counter Point« (deutsche Ausgabe: »Kontrapunkt des Lebens«) eine Rolle spielt. Es ist das Argument der Schönheit, verbunden mit dem Argument der Sinnlosigkeit der Welt ohne Gott. Es gibt schlechte Musik, und es gibt gute Musik. Aber es gibt auch Musik, die so vollendet ist, so absolut, daß kein Engel und kein Gott sie hätte schöner komponieren können. Einem einigermaßen musikalischen Menschen werden solche Kompositionen sofort einfallen, zum Beispiel die »Aria« in den Goldberg-Variationen, das g-Moll-Streichquintett von Mozart oder der Schlußchor aus der Matthäus-Passion. Ich konnte mir nicht vorstellen, daß eine solche Musik wieder im Nichts verschwinden sollte, daß es für diese vollkommene Musik einmal das unendliche Nichts, den unendlichen Kältetod geben könnte. Dieser Gedanke erschien mir zu sinnlos und zu absurd, als daß er wahr sein konnte.

Aber bewiesen ist durch eine solche Argumentation gar nichts außer der banalen Tatsache, daß Bach und Mo-

---

* Nachzulesen in: Richard Dawkins, Der Gotteswahn, Berlin 2007, S. 108 ff.

zart diese Musik komponiert haben, und zwar aufgrund der evolutionären Entwicklung ihrer Gehirnzellen.

Warum versteckt sich Gott?

Es gibt auch Einsichten aufgrund intensiver oder mystischer oder, etwas einfacher gesagt, persönlicher Erlebnisse. Manche Menschen glauben an Gott, weil sie eine Vision hatten, in der sie Gott persönlich erlebt haben, oder sie sahen eine überirdische Erscheinung, einen Engel oder die Jungfrau Maria, die ihnen die Existenz Gottes bezeugten. Die Menschheitsgeschichte ist voll von solchen Geschichten, von denen durchaus seriöse Menschen berichtet haben. Das berühmteste Beispiel ist die Verwandlung des Saulus, eines der größten Christenverfolger in Israel, zum Apostel Paulus, und zwar durch die Erscheinung, das unmittelbare Erlebnis Gottes, wie es in der Apostelgeschichte bezeugt wird. Viele Menschen, welche die katholische Kirche heiliggesprochen hat, berichteten von mystischen Erlebnissen. Die einen, wie die Jungfrau Anna Katharina Emmerick, schildern die Bilder, die sie vom Paradies gesehen haben. Andere berichten von mystischen Erlebnissen, so Ignatius von Loyola, ein absolut nüchterner Mann, aufgrund deren sie, wie von einem intellektuellen Lichtstrahl getroffen, unmittelbar die eigentliche Ursache des Lebens, den Urgrund allen Seins, also Gott, erkannt haben, ohne daß sie allerdings anschließend, nach Beendigung des mystischen Ereignisses, in der Lage gewesen wären, diese Überzeugung auch rational und sprachlich darzustellen.

Die Geschichte des Buddhismus ist erfüllt von Visionen. Der heutige Dalai Lama wurde zwei Jahre nach dem Tod des 13. Dalai Lama im Jahr 1933 von Mönchen aufgrund von Visionen am heiligen Lhamoi-Lhatso-See entdeckt. Dieser See gilt den Tibetern als Medium, als Orakel, um Einblicke in andere Welten zu bekommen. Die Mönche erkannten auf der Wasseroberfläche drei tibetische Buchstaben, Ah, Ka, Ma. Und sahen die goldenen und jadegrünen Dächer eines Klosters und einen kleinen Bauernhof mit türkis-blauen Ziegeln. Später fanden sie in einer nordöstlichen Provinz das Mönchskloster Kumbum mit goldgrünen Dächern und im nahen Ort Trakster einen Bauernhof mit türkisfarbenen Ziegeln. Dort trafen sie auf den zweijährigen Lahmo Dhondrub, der alle Fragen richtig beantwortete und so bewies, daß er der 14. Dalai Lama war. Der Dalai Lama kommentiert diese Findungsereignisse heute in seiner typischen lakonischen und humorvollen Art, indem er erklärt, es habe sich wohl um eine altertümliche Form des Fernsehens gehandelt.

Wir können uns ein Urteil darüber ersparen, ob die Mystik und sonstige rätselhaften Erlebnisse Phantasieprodukte kranker Menschen sind oder einen realen Hintergrund besitzen. Denn, um auf unsere Frage zurückzukommen, was soll das für ein Gott sein, der sich erstens nur bestimmten Menschen offenbart, nicht mehr als einem Promille der Menschheit, und der dies zweitens in einer derart skurrilen Weise tut. Warum zeigt sich Gott eigentlich nicht? Was soll das Versteckspiel? Gibt es ihn wirklich, dann ist er ein Wesen, das mit den Menschen spielt, das es darauf ankommen läßt, ob Menschen ihn erkennen oder nicht, ihn erleben oder nicht, und das auch noch dafür sorgt, daß solche Visionen nur ganz wenigen Menschen möglich sind.

Wie mit dem Tod umgehen?

Ist Sinnlosigkeit unser Schicksal? Angesichts von Leid, Schmerz und Tod gibt es nicht wenige, die das Leben als sinnlos betrachten.

Die überwiegende Mehrzahl der Menschen sieht sich einem ungewissen Schicksal ausgeliefert, je näher das Ende des Lebens kommt. Es gibt Philosophen und Künstler, die dem Tod mit Gelassenheit, sogar mit Galgenhumor entgegensehen. Woody Allen sagte: »Ich habe keine Angst zu sterben. Ich möchte nur nicht dabei sein, wenn es passiert.« Tucholsky bedauerte sich schon im voraus: »Ich werde mir doch sehr fehlen.«

Man wünschte sich, alle Leute könnten so sterben wie Epikur – in der Badewanne sitzen, ein Glas Wein in der Hand und im Gespräch mit Freunden – oder wie mein Schwiegervater, der bei voller geistiger Präsenz langsam verhungerte, ohne daß ihm dies auch nur die geringsten Schmerzen bereitet hätte. Das Sterben mag auch für diejenigen leichter sein, die im Rückblick auf ihr Leben sagen können, sie hätten etwas Positives geleistet, etwa die Lebensbedingungen der Menschen verbessert oder eine bahnbrechende Erfindung gemacht. Für die große Mehrheit der Menschen aber ist das Leben bis zum Tod Massenalltag, und nicht einmal alle können als Lebensleistung stolz sein auf ihre Kinder und deren beruflichen Werdegang.

Tod als Provokation

Der Tod ist für die meisten Menschen eine glatte Provokation, auf die sie nichts zu erwidern haben. Sie weichen aus oder ergeben sich in ihr Schicksal, obwohl sie damit überhaupt nicht einverstanden sind. Am liebsten würden sie sterben, ohne es zu merken und natürlich als allerletzte. Für viele ist es schlimm, daß sie Woche für Woche älter werden und der Tod immer näherrückt.

Für die meisten Männer sind die ersten Anzeichen von Impotenz die deutlichsten Signale für das Auslaufen des Lebens. Thomas Mann hat dieses Erlebnis in seinem Tagebuch festgehalten: »Das Alter zeigt sich darin, daß die Liebe von mir gewichen scheint und ich seit langem kein Menschenantlitz mehr sah, um das ich trauern könnte.« Alter sei nichts für Feiglinge, sagte Goethes Leibarzt Christoph Wilhelm Hufeland. Sein Patient, Goethe, war mit seinem Tod überhaupt nicht einverstanden. Er hatte wie die meisten Menschen Angst vor dem langsamen Dahinsiechen, oft verbunden mit qualvollen Krankheiten. Nun muß es nicht allen so gehen wie meiner Schwester Annemarie mit ihrer Beinamputation oder meiner Schwester Elisabeth, die mit siebzig Jahren an Krebs gestorben ist. Aber für viele ist und bleibt der Gedanke an den Tod ein Horror.

Der Tod verwirrt die Geister

Manche glauben, daß es sinnvoll ist, anderen Menschen zu helfen, ihnen in der Not beizustehen, wobei es natürlich unterschiedliche Grade und Reichweiten dieser Hilfsbereitschaft gibt, vom guten Ratschlag bis zum Einsatz des eigenen Lebens, von der Hilfe nur für Menschen aus dem eigenen Stamm oder Volk oder für Menschen jeder Herkunft, jeder Hautfarbe und jeden Geschlechts. Die Frage ist, ob diese Hilfsbereitschaft durch den Glauben an Gott vergrößert oder überhaupt erst möglich wird, ob die genannten Einschränkungen und Differenzierungen verringert oder sogar ganz aufgehoben werden. Man kann auch die Frage stellen, ob die Religion eine Verbesserung der Lebensbedingungen ermöglicht und fördert oder ob sie diese eher behindert, wie es Marxisten behauptet haben.

Umgekehrt gibt es religiöse Kräfte, die die Bereitschaft zur Hilfe, zum solidarischen Handeln, überhaupt zur Lösung von menschlichen Problemen als innerweltliche und diesseitige Ideologien abtun, welche die Menschen vom Wesentlichen ablenkten, nämlich sich auf das Jenseits vorzubereiten. Der Medienwissenschaftler Norbert Bolz, Professor an der Technischen Universität Berlin, behauptet zum Beispiel in seinem Buch »Das Wissen der Religion«, daß diesseitige Kräfte wie Parteien oder Nichtregierungsorganisationen die Angst der Menschen schürten und eine Katastrophe nach der anderen erfänden. Daran beteiligten sich auch die Medien mit Filmen wie »The Day after« über den Atomkrieg und »The Day after tomorrow« über die Umweltkatastrophe. So jage eine Apokalypse die andere. Das Gutmenschentum, der Humanismus der Massenmedien schüfen die Menschheit als Gemeinschaft der Ängstlichen. Die apokalyptische Drohung produziere Heilssorge. Man werfe Bomben im Namen der Unterdrückten und Beleidigten, befreie die Hühner aus den Legebatterien oder trenne doch wenigstens den Hausmüll. Die grüne Bewußtseinsindustrie sei auf dem Markt der öffentlichen Meinung deshalb erfolgreich, weil sie konkrete Formen der Apokalypse offeriere. Allen werde klargemacht, daß die Apokalypse schon den heute lebenden Menschen bevorstehe. Alle seien betroffen, Radioaktivität, Umweltverschmutzung und globale Erwärmung kennten keine Grenzen. Der Untergang der Welt sei das Jenseits der Diesseitserwartung. Diese Angstreligion habe ihre Priester, junge Glaubenshelden, die heute Ölplattformen besetzten und als Attac-Mitglieder gegen die Globalisierung anträten. Sie stünden für eine neue Religiosität, die den Namen »Umweltbewußtsein« trage. Umwelt heiße der erniedrigte Gott, dem die Sorge um die Heilserwartung gelte. Den fundamentalistischen Grünen sei die Natur selbst die Übernatur. Und die Angstreligion sei der neue Glaube für die gebildete Mittelklasse, in dem man Technikfeindlichkeit, Antikapitalismus und Aktionismus unterbringen könne. Das Motto laute: Die Schöpfung bewahren statt auf Erlösung hoffen.

Aber sind diese Transzendentalisten nicht die Antipoden der Chicago-Boys und Monetaristen, die alles dem Markt überlassen wollen und den Bau von öffentlichen Schwimmbädern für eine Verschwendung von Steuergeldern halten, weil sie ja den Swimmingpool im eigenen Garten haben?

Religion als Utopie

Fest steht, daß Milliarden von Menschen in Hoffnungslosigkeit verfielen, wenn sie nicht den Glauben an ein besseres, jenseitiges Leben hätten. Ist die Religion also nicht doch eine gewaltige psychische Hilfe für die Menschheit, die ohne sie verzweifeln müßte, also ein Topos der Hoffnung jenseits aller Rationalität?

Wenn man sich die Existenz der Weltreligionen wegdenkt, verschwindet mit ihnen Furchtbares: Witwen- und Ketzerverbrennungen, Hexenwahn, Frauendiskriminierung, Scharia, Kolonialismus, Rigorismus, religiös motivierte soziale Kontrolle, Verfolgung der Abweichler von religiös begründeten Sexualnormen. Es verschwänden aber auch die von den Religionen verkündeten ethischen Normen, etwa die Zehn Gebote, und die Hoffnung auf Gerechtigkeit und ein besseres Leben in einer anderen Welt.

Also scheinen die positiven Wirkungen der Religionen die negativen zu überwiegen. Schon aus diesen praktischen Gründen wäre es eine für die Menschheit schlechte Entwicklung, wenn die Religionen ihre Kernbedeutung verlören, nämlich ein geordnetes Zusammenleben der Menschen ethisch zu begründen.

Gott: ein Postulat der praktischen Vernunft

Grundüberzeugungen der Menschheit

Die Nichtregierungsorganisationen haben in einer Menschenrechtserklärung Mitte der neunziger Jahre klargestellt, daß sie sich zwar für kulturelle Vielfalt einsetzten, daß aber alle Sitten und Bräuche, welche die allgemein anerkannten Menschenrechte verletzten, unannehmbar seien. Sie wiesen die Logik zurück, daß ein Asiat ein geringeres Schutzrecht vor Folter haben solle, nur weil er in Asien gefoltert werde.

Das ist eigentlich eine Selbstverständlichkeit. Aber woher kommt es, daß Milliarden Menschen solche Grundüberzeugungen haben? Natürlich gibt es viele Ansprüche, Pflichten, Gebote und Normen, die sich ganz pragmatisch begründen lassen und allen einsichtig sind, zum Beispiel daß man auf der Straße mit dem Auto rechts fahren muß oder links, je nachdem, wie man das vereinbart, damit die Autos nicht zusammenstoßen.

Aber warum sollen auch Regeln unbedingt befolgt werden, die zum Beispiel den Interessen von Menschen völlig zuwiderlaufen? Warum soll ein Arzt jemanden behandeln, der nichts oder nur wenig dafür bezahlen kann? Warum soll man Flüchtlinge aus anderen Ländern aufnehmen, die hier nur Geld kosten? Warum soll jemand mit seinem Steuergeld ein Orchester in der Stadt Frankfurt am Main finanzieren, obwohl er völlig unmusikalisch ist?

Dafür mag es viele Gründe geben, die man auch verstehen kann, ohne an Gott zu glauben. Zum Beispiel die Überlegung, daß man selbst in eine Situation geraten kann, in der man dankbar ist, wenn einem geholfen wird.

Warum gegen eigene Interessen handeln?

Diese Überlegung trifft aber bei der Solidarität mit Ausländern schon nicht mehr zu. Noch schwieriger wird es, wenn man die Frage stellt, warum man Leuten, die 85 oder 90 Jahre alt sind, noch ein künstliches Hüftgelenk einsetzen soll. Warum schaltet man über Neunzigjährige nicht vom Dialyseapparat ab? Warum sollen Embryonen nicht zu Forschungszwecken verwendet werden oder Demenzkranke oder überhaupt Menschen, die einwilligungsunfähig sind wie zum Beispiel geistig Behinderte? Oder warum sollen Kinder nicht einfach abgetrieben werden, wenn sie das »falsche« Geschlecht haben, wie das in Indien geschieht?

Man kann noch weitergehen und die Frage stellen, warum Machthaber, Verbrecher, bestimmte Gruppen, die vielleicht sogar in der Mehrheit sind, mächtige Nationen, die Manager von Großkonzernen eigentlich nicht gegen die Menschenwürde und gegen die Menschenrechte handeln sollen, wenn das in ihrem Interesse ist? Nun könnte man sagen: Weil es übergeordnete Instanzen gibt, die so etwas verbieten (oder es wenigstens versuchen). Zum Beispiel die UNO oder eine Mehrheit in einem

Parlament. Aber eine Mehrheit in einem Parlament kann auch Unrechtsregime unterstützen und ihren Gewaltakten Legitimität geben, wie dies 1933 in Deutschland der Fall war und auch heutzutage weitverbreitet ist.

Viele sagen: Ich handle nicht nach Gott, sondern ich folge meinem Gewissen. Aber dann kommt die Regressionsfrage »Woher haben wir unser Gewissen?« Woher stammen die Regeln, nach denen sich das Gewissen richtet? Man kann auch etwas grundsätzlicher sagen: Die Unbedingtheit eines ethischen Anspruchs läßt sich nur von einem Unbedingten her begründen, von einem Absoluten. Etwas, das nicht der Mensch als einzelner oder die menschliche Gemeinschaft sein kann, sondern eben, so würden wir es nennen, Gott. Diese Überlegungen münden im Gottesbeweis, den Immanuel Kant formuliert hat. Er war der Auffassung, daß man mit der reinen Vernunft, mit dem Verstand Gott nicht beweisen könne. Aber er schreibt, daß Gott das Ergebnis der praktischen Vernunft sei, daß diese praktische Vernunft, also die Erkenntnis, daß ein geordnetes Zusammenleben der Menschen ohne Moral nicht möglich wäre, die Existenz Gottes erfordert. Nur eine Begründung der Moral in Gott begründe den unverletzlichen Wert, die unantastbare Würde und die Freiheit jedes Menschen, die eine freiheitliche Gesellschaft voraussetzen muß, wenn sie nicht im Chaos untergehen oder im Totalitarismus enden will.

Das Argument, daß diese Regeln in Deutschland ihre Verankerung im Grundgesetz hätten, ist richtig, aber der langjährige Verfassungsrichter und Rechtsphilosoph Ernst-Wolfgang Böckenförde hat zu Recht darauf hingewiesen, daß dieses Grundgesetz von Voraussetzungen lebe, die es selbst nicht schaffen könne. Dies haben die

Mütter und Väter des Grundgesetzes schon vor gut sechzig Jahren erkannt und infolgedessen der Verfassung in ihren wichtigen Teilen eine Ewigkeitsgarantie gegeben, und zwar im Artikel 79 Abs. 3, in dem festgelegt wird, daß zum Beispiel die Unantastbarkeit der menschlichen Würde und damit die Grund- und Menschenrechte nie mehr und von keiner noch so großen Parlamentsmehrheit abgeschafft werden können.

Es ist nicht zu bestreiten, daß diese Überlegungen ein starkes Argument darstellen für die Existenz einer den Menschen übergeordneten Instanz, die man Gott nennen kann.

Gott: die persönliche Utopie

Wir haben also herausgefunden, daß der Glaube an die Existenz eines Gottes vielen durchaus sinnvoll erscheint. Oder anders gesagt, daß man auf Gott auch mit den Mitteln der Vernunft schlußfolgern kann. Man kann ihn erahnen in der »kosmischen Singularität« vor dem Urknall, vielleicht auch in der Musik von Bach, Mozart oder Beethoven. Wir haben festgestellt, daß man Gott nicht beweisen kann wie den Satz des Pythagoras oder wie die schlichte Gleichung, daß zweimal zwei vier ist. Das hat Dawkins in seinem Buch »Der Gotteswahn« überzeugend dargestellt. Aber er hat nicht recht mit seiner Meinung, die Naturwissenschaften widerlegten die Existenz Gottes.

Man muß auch unterscheiden zwischen der grundsätzlichen Frage, ob es einen Gott gibt und ob ich persönlich an ihn glaube. Nicht alles kann man mit der Vernunft erfassen und nicht alles, was wir mit der Vernunft erfassen können, ist für unser Leben wichtig. Ob man geliebt wird oder nicht, kann für uns eine existentielle Frage sein. Oft wissen wir es aber nicht und können es nur hoffen oder glauben. Trotzdem sind diese Hoffnung und dieser Glaube für uns wichtiger als ein mathematischer Lehrsatz oder die Relativitätstheorie. Für die ganze Welt sind wir irgend jemand, aber für irgend jemanden sind wir die ganze Welt. Ob dieser Satz in unserem Fall stimmt, treibt uns mehr um als die Gesetze der Schwerkraft. Da die Existenz Gottes der Vernunft nicht widerspricht, die Vernunft aber nicht alles erfaßt, was existiert, bleibt Raum für die Religionen und für den Glauben an Gott. Die Existenz Gottes ist, um Kant noch einmal zu zitieren, ein Postulat der praktischen Vernunft, das heißt, sie ist für die Existenz und das Handeln des Menschen notwendig. Deswegen ist es nicht wesentlich, ob die Existenz Gottes objektiv wahr ist, sondern ob sie für die Menschen von Bedeutung ist. Diese Erkenntnis ist der Ort, in dem jeder Mensch seine Existenz aufbauen kann.

Das Leid und das Böse

Ohne Tod kein Leben

Mit diesen Überlegungen haben wir aber noch keine Antwort gefunden auf das Unerklärbare des Bösen in der Welt, des Leids und des Elends, von dem viele Menschen betroffen sind. Man kann nicht alles mit der Evolution erklären. Im »großen Spiel des Lebens« ist nicht alles gut gelungen; die Evolution hat Krankheiten, Behinderungen und auch den Tod nicht verhindert, sondern sogar programmiert als Voraussetzung für die weitere Entwicklung des Lebens. Demnach gäbe es ohne Tod keine Entwicklung des Lebens, Krankheiten und Behinderungen wären »Entwürfe«, die funktionieren oder scheitern. Der heutige Mensch wäre nichts anderes als das Produkt solcher »Entwürfe«. Der Kreationismus hilft erst recht nicht weiter, also der Glaube, daß die Schöpfung exakt so verlaufen sei, wie die Bibel sie schildere. Selbst der überzeugteste Kreationist müßte eigentlich stutzig werden, wenn er die Relation zwischen dem Designer und seinem Werk betrachtet.

Gott als Demiurg

Bei den alten Griechen war Zeus der große Demiurg, der Handwerker, der Künstler, der die Welt geschaffen hat.

Wenn ein Tischler einen Schrank fertigen würde, der so viele Fehler aufwiese wie das Werk des Demiurgen Gott, dann würde man ihm vorwerfen, er habe Pfusch gebaut. So ein Tischler würde im Rekordtempo pleite gehen. Müßte bei so viel Pfusch auf dieser Erde nicht auch Gott seinen Bankrott erklären, trotz aller schönen Überlegungen, die wir bis hierhin angestellt haben?

Daß die Welt in großen Teilen als Pfusch betrachtet werden muß, ist das stärkste Argument jener Menschen, die nicht an Gott glauben. Die Verhältnisse auf der Erde haben viele Menschen, auch tiefgläubige, zu Zweiflern, ja zu Rebellen gegen Gott werden lassen. Als Antwort auf ihre Argumente findet man in der Theologie zahlreiche faule Ausreden und nichtssagende Thesen. Oft besteht sie einfach daraus, daß Gott gegenwärtig und allmächtig ist. Doch wir fragen zu Recht, ob nicht alles viel besser sein könnte. Ist das, was die Evolution zustande gebracht hat, wirklich das Bestmögliche? Darauf gibt es nur eine Antwort: wahrscheinlich nicht.

Und doch ist die Welt im großen und im kleinen ein »Wunderwerk«. Jedes Kind kann einen Käfer zertreten, aber kein Genie auf der Erde kann einen Käfer herstellen. Ein allmächtiger Gott müßte eigentlich eingreifen, wenn es darum geht, etwas Besseres zu schaffen oder etwas Schlechteres zu verhindern. Aber auch er könnte die Naturgesetze nicht aufheben. Und wenn er das doch könnte, dann müßte er pausenlos eingreifen und korrigieren. Insofern ist die Frage berechtigt, was es denn für einen Sinn hat, über Welterklärungen nachzudenken vom Urknall bis zum Zerfall des Universums, wenn es in der Geschichte des Kosmos zu den schlimmsten Katastrophen im großen wie im kleinen kommt.

Allerdings: Nicht Gott hat die Hexen verbrannt, sondern Menschen. Und nicht Gott hat sechs Millionen Juden ermordet, sondern die Nazis. Aber warum können Menschen dies tun?

Krankheit eine Strafe Gottes?

Schaut man in die Religionsgeschichte, so gibt es die Auffassung, zum Beispiel im alten Griechenland, daß anstekkende Krankheiten eine Strafe der Götter seien. Diese Auffassung hat sich bis auf den heutigen Tag erhalten. Man erinnere sich nur an die Auseinandersetzungen über Aids und über Geschlechtskrankheiten. Fundamentalisten aller Religionen haben sie als Strafe Gottes für begangene Sünden erklärt (genauso übrigens den Hurrikan Katrina oder den Tsunami in Thailand von 2007). Die Fundamentalisten wie die Piusbruderschaft nennen Gott als Ursache dieser Leiden.

Augustinus hat sich besonders viele Gedanken über das Leid in der Welt gemacht und ganz anders gedacht als die Fundamentalisten. Er sagt, daß das Böse als Ursache des Leids in der »Abwesenheit« Gottes bestehe, das Böse habe aber keine selbständige Existenz. Es sei sozusagen ein Nichts, denn in der Schöpfung Gottes, die nur gut sein könne, habe das Böse keinen Platz. Das Böse entstehe erst durch den Ungehorsam der Menschen.

Faule Ausreden

Aber warum hat Gott nicht gleich beschlossen, daß es ein Leid überhaupt nicht geben könne? Augustinus antwortet darauf mit einer Ausflucht, mit einer faulen Ausrede. Er behauptet nämlich, daß der Mensch nicht das Recht habe, Gott zu kritisieren, wobei er sich auf den Apostel Paulus beruft, der in seinem Brief an die Römer den berühmten Satz geschrieben hat: »Mensch, wer bist du denn, daß du mit Gott rechten willst? Spricht so das Werk zu seinem Meister? Warum machst du mich? Hat nicht dein Töpfer Macht, aus einem Klumpen Lehm ein Faß zu machen, wie er es will?«

Doch mit einer solchen Auffassung, daß nämlich Gott im Himmel sitze und mit den Menschen mache, was er wolle, schaufelt sich die Kirche ihr eigenes Grab. Das hat Augustinus selbst gemerkt und daher erklärt, er habe mit solchen Äußerungen nur ausdrücken wollen, daß alle Menschen von der Gnade Gottes abhängig seien. Dieses Argument macht die Sache aber auch nicht besser. Denn wer an einen personalen Gott glauben soll, für den kann neben diesem Gott nicht noch eine andere, quasi von ihm unabhängige Institution existieren wie das »Böse«, weil sonst Gott kein Gott ist.

Kann man sich eine wirkliche Welt vorstellen, in der es das Böse nicht gibt? In unserer Zeit ist das Böse sehr real. Die schrecklichen Ereignisse, die Tag um Tag geschehen, erklären Theologen, aber auch viele Philosophen damit, daß in der Natur und dem Menschen das Gute *und* das Böse verankert sei, daß die biologische Evolution als Prozeß des Zufalls und der Notwendigkeit auch das Böse ermögliche.

Gibt es Teufel?

Heftig umstritten ist die Frage, ob das Böse personifiziert werden kann, ob es den Teufel gibt als Gegenspieler von Gott. Dieser Auffassung sind die christlichen Religionen aufgrund der Aussagen in der Bibel, aber auch der Islam. Man kann nicht bestreiten, daß im menschlichen Leben täglich hunderttausendfach Böses geschieht. Das heißt, das Böse existiert. Die christliche Religion findet dafür die Erklärung, daß ein großer unabhängiger Geist sich gegen Gott gestellt habe. Ein Geist, der den schönen Namen Luzifer trägt, der übersetzt »Lichtträger« heißt und an die ursprüngliche Macht und Stellung des Gegenspielers erinnern soll.

Diese Interpretation ist jedoch nicht haltbar. Denn wenn der Teufel in das menschliche Leben und das Weltgeschehen negativ eingreifen könnte, müßte man erst recht Gott ein positives Eingreifen zubilligen. Wenn das eine nicht geschieht, ist auch das andere nicht möglich. Vorstellbar ist dagegen, daß es im realen Sein dieses Universums zwei Mächte gibt, das Gute und das Böse, die miteinander kämpfen, auch um die Gefolgschaft der Menschen. Aber dann ist das Prinzip des Guten kein Gott, sondern ein gewiß mächtiger, aber nicht allmächtiger Geist. Außerdem provoziert diese Vorstellung sofort die Regressionsfrage: Woher kommen diese beiden Prinzipien Gut und Böse, die in der Weltgeschichte miteinander ringen?

Erscheinungen des Bösen

An dieser Stelle stagnieren die philosophischen und theologischen Überlegungen. Niemand kann wegdiskutieren, daß es in der Welt konkrete Erscheinungen des Bösen, der Unterdrückung, der Ungerechtigkeit, der Gewalt gibt. Allerdings wird die Frage, was gut ist und was böse ist, höchst unterschiedlich interpretiert. Zum Beispiel ist die Religionsfreiheit, die wir für unverzichtbar halten, in den Augen von Islamisten etwas Satanisches. Und der Abfall vom Islam ist nach der Meinung der meisten islamischen Rechtsgelehrten ein todeswürdiges Verbrechen. Daher hat der iranische Ajatollah Khomeini den Schriftsteller Salman Rushdie in einer Fatwa zum Tod verurteilt.

Man muß mit dem Begriff des Bösen vorsichtig umgehen. Es vergeht kein Tag, an dem nicht irgend jemand irgend etwas verteufelt: das Auto, das Fernsehen, die Loveparade, Aids, Kondome, Drogen, die Sexualität, die Asylbewerber, die Araber, die Juden, den Lärm, die Zigaretten, den Krebs, die Atomkraftwerke. Habe ich etwas vergessen? Es muß Kriterien geben, nach denen Taten und Meinungen bewertet werden können. Es gibt eine Grundregel, die der Königsberger Philosoph Immanuel Kant den kategorischen Imperativ genannt hat und die in schlichten Worten lautet: »Was du nicht willst, das man dir tu, das füg auch keinem andern zu.« Ein Grundsatz, der schon von Jesus und Konfuzius ähnlich formuliert wurde, der aber kein allgemeiner Konsens ist. Die Grundsätze, die Alice Schwarzer für richtig hält, begründen im Iran die Todesstrafe. Es muß eine noch tiefergehende Erkenntnis geben, die von allen Menschen anerkannt werden kann: die absolute Achtung der Würde jedes Menschen, über die ich im nächsten Kapitel schreiben will.

Daß etwas böse ist, zeigt sich im Grunde genommen darin, daß »der Böse« bewußt gegen die Menschenwürde und die Menschenrechte handelt.

Elend und Leiden

Davon zu unterscheiden sind das Elend und das Leiden, die den Menschen nicht bewußt zugefügt werden oder die sie sich selbst zufügen. Manche Leiden sind vermeidbar, manche nicht. Vermeidbar ist die Armut in vielen Ländern, sind Herz-Kreislauf-Krankheiten, das Raucherbein, Verkehrsunfälle. Nicht vermeidbar sind Naturkatastrophen und oft auch Epidemien. Und die Natur ist grausam: der Kampf ums Überleben, das Fressen- und-gefressen-Werden der Tiere. Im gesamten Kosmos herrscht ein hohes Maß an Unordnung.

Natürlich wollen die meisten Menschen aus ihrem Leben etwas Sinnvolles machen, und doch leben sie im ständigen Widerspruch: zwischen Gut und Böse, zwischen Freundschaft und Haß, zwischen Liebe und Leid. Dies ist eigentlich ein unerträglicher Zustand. Da sich Gott aber nicht zeigt, können wir nicht darauf warten, daß eine höhere Instanz Ordnung schafft, daß der Pfusch, dem wir überall begegnen, beseitigt wird. Statt dessen erscheint es sinnvoll, das Leben, die Entwicklung der Welt als einen Prozeß zu begreifen, in dem die Möglichkeit steckt, auf eine Vollendung zuzulaufen, also auf einen Ort, den es noch nicht gibt, den es aber sinnvollerweise geben müßte.

Kann dieser Widerspruch – es gibt ihn (noch) nicht, es müßte ihn aber geben – gelöst werden?

Den Status quo überwinden

Wir finden in der Menschheitsgeschichte eine Fülle von Beispielen, die zeigen, daß eine Lösung darin bestehen kann, die Situation, die einen Widerspruch hervorruft, zu verändern, ja sogar zu beseitigen. Ein Beispiel sind die Atomwaffenrüstung und ihre unterschiedlichen Bewertungen. Die Antinomie besteht in diesem Fall darin, daß es als sinnlos angesehen werden kann, solche Waffen zu besitzen, weil sie, würden sie eingesetzt, das vernichten, was geschützt werden soll. Es wäre also unsinnig, »böse« Atomwaffen zu besitzen. Demgegenüber kann aber argumentiert werden, daß durch die Existenz der Atombombe ein möglicher Angreifer abgeschreckt würde, einen Krieg zu beginnen, weil er Gefahr liefe, dann selbst durch einen Gegenschlag vernichtet zu werden. Deswegen sei der Besitz von Atomwaffen eine Garantie dafür, daß sie nicht eingesetzt werden. »Böse« könnten sie demnach nicht sein. Historisch gesehen hat sich dieser Widerspruch zumindest partiell dadurch aufgelöst, daß die Sowjetunion zusammengebrochen ist. Und auch dadurch, daß abgerüstet wurde und eine große Zahl von Atomwaffen verschrottet wurden.

Damit ist allerdings das Problem der atomaren Abrüstung insgesamt noch nicht gelöst, wenn man an die kleineren Atommächte wie Pakistan und Indien denkt oder an Israel, vielleicht auch an den Iran. Aber diese Politik der Veränderung des Status quo ist ein Weg, der zu diesem Ort führt, den es eigentlich geben müßte, nämlich eine atomwaffenfreie Welt. Dann kann sich niemand mehr mit diesen Waffen bedrohen.

Ein anderes Beispiel für die Lösung von Widersprüchen ist die medizinische Indikation bei der Abtreibung. Diese Situation trägt einen Widerspruch in sich, weil das Leben der Mutter gegen das Leben des Kindes abgewogen wird mit dem Ergebnis, das Kind zu töten und die Mutter zu retten. Dieses moralische Paradoxon ist in der westlichen Welt weitgehend überwunden worden, weil sich die Medizin so weiterentwickelt hat, daß dieser Konflikt gar nicht mehr entstehen kann.

Der Sinn des Lebens kann also darin bestehen, daß die Menschen selbst, und zwar unabhängig von Gott oder auch ohne Gott, diesen Prozeß zur Verbesserung, wenn nicht sogar zur Vollendung des Lebens nicht nur akzeptieren, sondern auch beschleunigen, ein Prozeß, in dem das Böse durch politische, wissenschaftliche und gesellschaftliche Entscheidungen überwunden und das Leid zurückgedrängt wird. Aus dieser Sicht werden beim Einsatz aus Nächstenliebe nicht Ketten mit Blumen geschmückt, um sie erträglicher zu machen, wie Marx es Christen unterstellt, sondern wird das verändert oder beseitigt, was Elend verursacht. Der Gedanke, gegen die Zweifel und gegen das Verzweifeln Taten der Hoffnung zu setzen und einen Beitrag zu leisten im Kampf für Gerechtigkeit, Freiheit und Frieden mit dem Ziel einer allmählichen Vollendung des Kosmos, erhält weltweit immer größere Zustimmung, vor allem bei jungen Menschen. Sie haben ihr Leben noch vor sich, und viele von ihnen kämpfen im Hier und Heute gegen die Mächte des Bösen, gegen die Ungerechtigkeit, die Herrschaft des Kapitals, die Unfreiheit, das Elend, die Lieblosigkeit. Eine solche reale Utopie kann eine unglaubliche Hoffnung vermitteln. Wir können das Leid zwar nicht beseitigen, aber wir können daran arbeiten, daß es immer weniger wird, daß die Ungerechtigkeit abnimmt, daß der Mensch seinen Verstand nicht dazu verwendet, um neue Waffen zu erfinden, sondern bessere Medikamente, daß die Naturwissenschaften den Schmerz überwinden helfen und daß die Gentechnologie hilft, Krankheiten zu verhindern, die Geißeln der Menschheit sind wie zum Beispiel der Krebs.

Wenn man die heutige Situation vergleicht mit der vor 50, vor 100 oder vor 200 Jahren, dann stellt man fest, daß die Geschichte der Menschheit auch eine große Erfolgsstory bei der Überwindung des Leids und des Schmerzes ist. Wir brauchen nur an die Erfindungen im 19. und 20. Jahrhundert zu denken, durch die die Gefahr der Infektionskrankheiten drastisch eingeschränkt und die Tuberkulose praktisch beseitigt worden ist. Selbst die Zahl der Autounfälle konnte erheblich verringert werden. Man wird sie zwar nie ganz verhindern können, aber Verkehrsleitsysteme, Geschwindigkeitsbegrenzungen, sicherere Autos, Leitplanken, getrennte Fahrbahnen und andere Maßnahmen haben einiges bewirkt. Mit Gott hat das alles nichts zu tun. Dazu brauchen die Menschen ihn nicht.

Es gibt neue Probleme. Zum Beispiel die Klimakatastrophe, die Umweltzerstörung, den Terrorismus, die massive Zunahme von Arbeitslosigkeit durch ein falsches Wirtschaftssystem, den Kapitalismus. Aber auch hier hilft das Prinzip der Beseitigung der Ursachen, der Überwindung des Status quo, um dem Ort nahezukommen, den wir uns wünschen und den wir möglichst schnell erreichen wollen.

Weltverbesserung, Weltvollendung statt Erlösung?

Eine der großen Ursachen von Leid und Elend auf dieser Erde ist der Mißbrauch der Macht. Diejenigen, die Macht besitzen, haben das Bestreben, ihr alles unterzuordnen und die Menschen auszubeuten, ja manchmal sogar verhungern zu lassen. Deswegen ist der Kampf gegen ungerechte Macht eine der wichtigsten Aufgaben bei der Überwindung des Bösen in der Welt, um Ou Topos zu erreichen.

Es gibt viele wirksame Instrumente, um Macht zu begrenzen: Demokratie, Gewaltenteilung, Föderalismus, Dezentralisierung, um nur einige zu nennen. Entscheidend ist jedoch die Idee, wie Ou Topos, wie eine Weltwirtschaftsordnung aussehen könnte, die Armut, Ungerechtigkeit, Ausbeutung, Sklaverei nicht mehr zuläßt.

Man kann Ou Topos beschreiben. Und diese Utopie ist machbar: eine Welt ohne Krieg, so, wie es heute ein Europa ohne Krieg gibt, eine Welt ohne Nationalismus, eine Welt mit einer Regierung, einer Weltregierung, eine Welt der Demokratie, eine Welt der Menschenrechte auf allen Kontinenten, eine Welt ohne Armut und ohne Arbeitslosigkeit, eine Welt ohne Folter, eine Welt, die ihr ökologisches System nicht selbst zerstört. Man kann auch sagen, Ou Topos, das heißt Weltverbesserung, Weltvollendung statt Erlösung.

Dafür ist allerdings ein Konzept notwendig. Finden wir dieses Konzept im Christentum?

Utopie Evangelium

Beten statt studieren?

Der Paradiesglaube des Christentums hatte die üble Folge, daß die Herrschenden die Sklaven, Leibeigenen, Proletarier und Prekariaten auf das Leben im Himmel vertrösteten, und dies oft mit theologischer Rückendeckung. Der Glaube wurde als Valium mißbraucht, damit die Unterdrückten sich nicht gegen das Unrecht auflehnten und es durch eine Revolution beseitigten. Sie sollten sich vielmehr um ihr Seelenheil kümmern und nicht um so weltliche Dinge wie Politik und Wissenschaft.

Mitte des 16. Jahrhunderts kam es zu heftigen Auseinandersetzungen zwischen Papst Paul IV. und den Jesuiten, weil diese als einziger Orden das Chorgebet, das sechsmalige Singen von Psalmen pro Tag, abgeschafft hatten. Er beschimpfte die Jesuiten, nannte sie Rebellen und sagte in einer Audienz: »Verflucht sei das Studium, für das das göttliche Offizium unterlassen wird.« Die Jesuiten mußten das Chorgebet einführen, haben es aber schnell wieder abgeschafft.

Nun wäre es wahrscheinlich besser gewesen, wenn die Kirche ihren aktiven Repräsentanten, den Priestern und Ordensleuten, eher das Studium und weniger das Singen von Gebeten empfohlen hätte. Kapitale Irrtümer, vor allem auf dem Gebiet der Naturwissenschaften, wie sie sich etwa im Fall Galilei oder im Streit zwischen Kreationisten und Darwinisten zeigen, wären ihr erspart geblieben.

Diese Geschichte steht jedoch beispielhaft für den grundsätzlichen Konflikt, in dem sich die Kirche und ihre Priester immer wieder befinden, nämlich für die Spannung zwischen Gottes- und Nächstenliebe. Was ist wichtiger: beten, singen, Kirchen bauen, der Kirchenbesuch, das Aufstellen von Moralkodizes, Kirchenrecht und Dogmenverkündung oder die Nächstenliebe mit dem Ziel, das Diesseits zu verbessern, sich aktiv in die politische Diskussion einzumischen, entsprechende Konzepte zu entwickeln und auf allen Ebenen Bundesgenossen für die Verwirklichung dieser Perspektive zu gewinnen? Man kann auch fragen, ob die Kirche zuständig für die Politik ist, für das zivile Zusammenleben der Menschen, für die Aufgabe, sich rechtlichen und politischen Ordnungen zu widersetzen, wenn diese der Glaubensüberzeugung widersprechen, oder ob sie einer direkten Auseinandersetzung ausweichen soll, um die religiöse Betätigung der Gläubigen nicht zu gefährden. Diese Frage stellte sich für die Kirche in der Zeit des Nationalsozialismus und stellt sich zum Beispiel heute in China.

Beim Weltjugendtag in Köln wurden Hunderttausende von jungen Menschen zusammengerufen unter dem Motto »Wir kommen, um Ihn anzubeten«. In der Einladung wurde mit keinem Wort erwähnt, daß diese jungen Menschen zusammen mit ihrer Kirche auch eine Verantwortung tragen für die Millionen von jungen Menschen, die nicht einmal davon träumen konnten, nach Köln zu fahren. Die Teilnehmerinnen und Teilnehmer aus Lateinamerika und Asien waren Töchter und Söhne aus wohlhabenden Familien, ausgenommen einige wenige, die von Ortsbistümern finanziell unterstützt wurden. Man hätte in dieser Einladung die Frage stellen können, ob derjenige, der als Adressat genannt wird, nämlich Jesus, überhaupt angebetet werden will. Schließlich sollte auf dem Weltjugendtag gerade das Prinzip nicht behandelt werden, dem Jesus sein Leben lang gefolgt war und das er in seiner Endzeitrede als die wichtigste Aufgabe neben der Gottesliebe hervorgehoben hatte: die Nächstenliebe, die Aufgabe, anderen Menschen zu helfen. Zwar verfügen die beiden christlichen Kirchen über mächtige Organisationen, die Caritas und das Diakonische Werk, die eine beachtliche Arbeit leisten, um die Lebensbedingungen der Menschen zu verbessern. Sie sind jedoch nicht in der Lage, ein Gegenkonzept zum kapitalistischen Wirtschaftssystem zu entwickeln, dem Hunderte Millionen von Menschen zum Opfer fallen.

Eiapopeia, Opium oder was?

Jesus hat mich von Jugend an sehr interessiert und beschäftigt. Er ist ja nicht diese feminisierte Gestalt mit Locken bis auf die Schultern, wie er in Heiligenbildchen, Statuen oder Kirchenmosaiken dargestellt wird. Michelangelo sieht ihn in der Sixtinischen Kapelle als athletischen jungen Mann, der er auch gewesen sein muß, sonst hätte er schon rein körperlich die Strapazen eines Wanderpredigerlebens nicht durchhalten können. Er muß ein attraktiver Mann gewesen sein, sicher auch attraktiv für Frauen, denn zu seiner Gefolgschaft gehörten Jüngerinnen. Die Menschen strömten in Scharen zu seinen Veranstaltungen, und die Berichterstatter der Evangelien stimmen darin überein, daß die Menschen fasziniert waren von dem, was er sagte und wie er es sagte. Mehrfach wird erwähnt, daß die Zuhörer »außer sich gerieten, als sie seine Worte hörten«.

Vom Teufel besessen?

Die dramatische Entwicklung der letzten zweieinhalb Lebensjahre dieses Jeshua Ben Joseph, genannt Jesus, hatte ihre Ursache auch in der Reaktion des Publikums auf seine Reden, die von den Machthabern als gefährlich betrachtet wurden. Als er im Jerusalemer Tempel die Tische der Geldwechsler umgestürzt und damit eine wichtige Finanzquelle der 34 großen Familien, der Sadduzäer, in Frage gestellt hatte, suchten sie, wie es bei Markus heißt, eine Gelegenheit, ihn umzubringen, »denn sie fürchteten ihn, weil die ganze Menge außer sich geriet wegen seiner Lehre«. Während des Laubhüttenfestes sollte er von der Polizei verhaftet werden. Nach einiger Zeit kamen die Polizisten zurück, allerdings ohne Jesus. Auf die Frage »Warum habt ihr ihn denn nicht hergebracht?«, antworteten die Polizisten: »Wir haben ihn gehört. Noch nie hat ein Mensch so gesprochen. Wir haben es nicht gewagt, ihn anzufassen.« (Joh. 7,37-48) Als ihm am See Genezareth gleich am Anfang seines Auftretens die Leute nachliefen, wollten ihn sogar Verwandte mit Gewalt aus dem Verkehr ziehen, weil sie glaubten, er sei verrückt geworden. (Markus 3,20-21) Die Schriftgelehrten, die aus Jerusalem an den See gekommen waren, behaupteten, er sei pervers. Sie sagten: Er ist vom Teufel besessen. Jesus muß also etwas völlig Neues, etwas Großartiges, etwas

Umwerfendes gesagt haben, etwas, das die Menschen noch nie gehört hatten. Anders ist ihre Reaktion nicht zu erklären. Es war in der Tat eine gewaltige Lehre, und er setzte die größte Volksbewegung in Gang, die es in der Menschheitsgeschichte je gegeben hat. Heute bekennen sich rund zwei Milliarden, also ein Drittel der Menschheit, zu seinem Namen, über eine Milliarde in der katholischen Kirche.

Jesus – ein Politiker und Revolutionär

Innerhalb und außerhalb der Kirchen wird bestritten, daß seine Lehre etwas mit Politik zu tun habe. Er sei kein Politiker, erst recht kein Revolutionär gewesen, sondern habe eine Religion gestiftet, die ins Jenseits führe, und er dürfte deswegen von der Politik nicht vereinnahmt werden. Aber eine solche Argumentation bringt schon deswegen nichts, weil Jesus Tag für Tag politisch in Anspruch genommen und vielfach auch für politische Ziele mißbraucht wird. Die Kreuzzügler des Jahres 1095, die sich auf »Deus lo vult« berufen hatten, um das Heilige Land zu befreien, brachten auf dem Weg dorthin gleich mal ein paar tausend Juden um, und die Kriegsberichterstatter meldeten vier Jahre später aus Jerusalem: »Die Unseren wateten bis zum Knöchel im Blute der von ihnen erschlagenen Juden und Muslime.«

US-Präsident George W. Bush eröffnete die wöchentlichen Sitzungen des Sicherheitsrats mit Bibellesungen. Allerdings, wie berichtet wird, aus dem Alten Testament in der Fassung der texanischen Baptisten, das in den Augen der Neokonservativen geeigneter war, ihre politischen Taten zu begründen. Die CDU, die CSU und andere Parteien haben das Wort »christlich« in ihren Namen. Oft wird gefragt, ob dies nicht eine Blasphemie sei. So oder so, der Name ist politisch vereinnahmt. Es hat also gar keinen Sinn abzustreiten, daß die jesuanische Botschaft eine politische Bedeutung hat.

Wer es dennoch tut, muß sich fragen lassen, was das Evangelium eigentlich sein soll. Für Fundamentalisten, Spiritualisten, Piusbrüder und Geistesverwandte ist das Evangelium eine Gebrauchsanweisung, um möglichst rasch vertikal in den Himmel zu kommen. Oder ist es, wie Heinrich Heine in seinem Wintermärchen schreibt, das »Eiapopeia vom Himmel« oder »Opium des Volks« nach Marx und Lenin, ein Einschläferungsmittel also in der Hand der Mächtigen? In der Kirchengeschichte sah es jedenfalls lange so aus.

Von Martin Luther bis zu Kaiser Wilhelms Zeiten diente die evangelische Kirche der Monarchie, worunter die Protestanten bis heute leiden. In einer Reihe von lateinamerikanischen Staaten verhielt sich die katholische Kirche genauso. Konzepte wie die »Theologie der Revolution« des Franziskanerpaters Leonardo Boff wurden vom Vatikan bekämpft, im Gegensatz zur ultrakonservativen Piusbruderschaft, die der Papst zunächst heftig umworben hatte. Ich war als Generalsekretär der CDU gleichzeitig Vizepräsident der Christlich Demokratischen Internationale und reiste in dieser Eigenschaft oft nach Lateinamerika, um dort die christlich-demokratischen Parteien zu unterstützen, die sich in Opposition zu den Diktatoren und Militärjunten befanden. Ich habe erlebt, daß die kirchliche Basis, die Priester, die Mönche, die Nonnen, aber auch ein großer Teil der einfachen Bischöfe, auf der Seite des Volks standen. Andere Teile der katholischen Kirche aber, vor allem die Spitze der Hierarchie, machten sich mit den Diktatoren gemein, stellten die Kirche in den Dienst der Willkürherrschaft. War dies ein Gebot des Evangeliums?

Was ist das Evangelium?

Ich habe vor einigen Jahren ein Buch geschrieben, »Was würde Jesus heute sagen?«, in dem ich auf diese Frage näher eingehe. Hier nur das Wesentliche: Nach Aristoteles ist Politik nichts anderes als das Bemühen, das geordnete Zusammenleben der Menschen zu ermöglichen. Jesus hat sich unbestreitbar immer wieder über das Zusammenleben der Menschen geäußert. In den Evangelien wird geradezu enthusiastisch berichtet, wie er sich fast tagtäglich mit den Herrschenden anlegte und Gesetze oder Regeln anzweifelte, um betroffenen Menschen, vor allem auch Frauen, zu helfen. In den Berichten wird seine Botschaft »Euangelion« genannt, das griechische Wort für »Evangelium«, die frohe Botschaft, die gute Nachricht. Als einige Jünger Johannes' des Täufers, die zeitweilig bei Jesus gewesen waren, sich von ihm verabschiedeten, fragten sie ihn: »Was sollen wir denn dem Johannes sagen, was du tust?« Die Antwort lautete: »Sagt ihm: Den Armen wird die frohe Botschaft verkündet!« Kern des Evangeliums ist die Bergpredigt.

Seine Reden waren eine Faszination, aber auch eine Provokation, denn er stellte die Werteordnung der Antike auf den Kopf und sich mit seiner Lehre gegen die Herrschenden, die Römer und die Sadduzäer. Es war ein

Angriff auf eine Welt, die alles dem »Mammon« unterordnete. Diese Lehre steht heute im Gegensatz zu den Börsenspekulanten, denen die Gier nach Geld die Hirne zerfrißt und die wie selbstverständlich davon ausgehen, daß die Menschen sich den Interessen des Kapitals unterordnen.

Im Evangelium ist die wahre Natur des Kapitalismus leicht zu erkennen. Jesus hat das Geld nicht abgelehnt. Er und seine Jünger besaßen Geld und eine Kasse, die Judas verwaltete, und sie lebten auch nicht schlecht. Die Bibel ist voll von Berichten über Mittag- und Abendessen und große Volksspeisungen. Jesus erzählt selbst, daß Pharisäer ihn »Säufer« und »Fresser« genannt hätten. Aber seine Aussage war klar: Das Geld muß den Menschen dienen und darf sie nicht beherrschen.

Heute ist es genau umgekehrt. Das Geld beherrscht die Menschen, und sie haben sich den Kapitalinteressen unterzuordnen. Um nur ein Beispiel zu nennen: Nokia in Bochum wurde nicht deswegen stillgelegt, weil sich das Werk betriebswirtschaftlich nicht rentiert hätte. Die dort erzielte Kapitalrendite von 15 Prozent aber war den Investmentbankern zu gering. Sie wollten 25 Prozent haben, wie sie auch der Vorstandssprecher der Deutschen Bank, Josef Ackermann, für sein Unternehmen vorgegeben hat, und diese Marge sollte bei einem Stundenlohn von sechs Euro erreicht werden, wie er in Rumänien bezahlt wird. Man hat also einige tausend Menschen in ihrer wirtschaftlichen Existenz vernichtet, um eine schon beachtliche Kapitalrendite noch einmal um zehn Prozentpunkte zu erhöhen, was aber dann doch nicht gelang. Ackermann begründete in einem Vortrag an der Evangelischen Akademie Tutzing im März 2009 das

Gewinnziel von phantastischen 25 Prozent damit, daß es »die Richtgröße der Besten der Welt« gewesen sei, die nur darauf gewartet hätten, daß der Kurs der Deutschen Bank einbreche. Aber dieses vom System erzwungene Verhalten der Deutschen Bank ist gerade der Beweis dafür, daß das System selbst, nämlich mit Geldgeschäften nahezu grenzenlos Geld machen zu können, ökonomisch falsch, sozial unverantwortlich und unsittlich ist. 900 000 Derivate-Kontrakte, das heißt Wettgeschäfte mit Wertpapieren, haben eine der größten Banken der Welt, Lehman Brothers, in die Pleite getrieben, was 2009 die größte Weltfinanz- und Wirtschaftskrise seit achtzig Jahren ausgelöst hat. Bisher sind über eine Billion US-Dollar vernichtet, verbrannt, versenkt worden.

Man kann nicht sagen, daß die Vertreter der katholischen Kirche auf diese Katastrophe und auf die ökonomischen Verhältnisse der heutigen Zeit insgesamt im Sinn des Evangeliums reagiert hätten. Im Gegenteil. Die Deutsche Bischofskonferenz gab vor vier Jahren eine Broschüre heraus mit dem verräterischen Titel »Das Soziale neu denken«, als ob man die Nächstenliebe neu denken, das heißt neu interpretieren könnte. Umgekehrt wäre es richtig gewesen: das Neue sozial denken, die unaufhaltsame Globalisierung im Lichte des Evangeliums diskutieren und gestalten. Ausgearbeitet wurde die Broschüre von der Sozialkommission der Deutschen Bischofskonferenz. Zum Leiter dieser Kommission wurde der ehemalige Bundesbankpräsident Hans Tietmeyer berufen, der in all den Jahren seiner politischen Laufbahn vor allem mit marktradikalen und neoliberalen Thesen aufgefallen war. Reicht es für den Vorsitz der Sozialkommission aus, wenn man jeden Sonntag in die Kirche geht?

Utopie Bergpredigt

Mißverständnisse, Hohn und Spott

Die Bergpredigt war in ihrer 2000jährigen Geschichte immer höchst umstritten. Für Hitler war sie ein »Fluch vom Berg Sinai«, ein Gift, mit dem Juden wie Christen die wunderbaren freien Instinkte der Menschen verdorben hätten. Für die Marxisten war die Bergpredigt ein Hindernis für gewaltsame revolutionäre Veränderungen. Andere gossen Kübel von Hohn und Spott über ihr aus. Bismarck erklärte mehrfach, mit der Bergpredigt lasse sich kein Staat machen. »Wenn ich mit diesen Grundsätzen durchs Leben gehen soll, so komme ich mir vor, als wenn ich durch einen engen Waldweg gehen sollte, und müßte eine lange Stange im Mund halten«, sagte er in seinen »Tischgesprächen«. Auch Christen haben an der Bergpredigt herumkritisiert. Bis zum Zweiten Vatikanischen Konzil galt sie nur für die Auserwählten, für die Vollkommenen, die mönchisch Lebenden, aber nicht für die »Weltchristen« in der Familie oder am Arbeitsplatz. Für Luther war die Bergpredigt nicht realisierbar. Sie gelte zwar für alle Christen, aber nur als »Bußruf« und eine Art Beichtspiegel. Vor allem war sie die Basis für ein permanentes schlechtes Gewissen. Kant und die idealistische Philosophie verstanden sie als eine Gesinnungsethik, und Albert Schweitzer sah in ihr eine »Interimsethik«, die nur kurze Zeit vor dem Weltende gültig sein könne.

Es gibt aber in der Kirchengeschichte auch die radikale Interpretation, die sogenannte »schwärmerisch-enthusiastische«. Danach ist die Bergpredigt ein Entwurf für das Reich Gottes auf Erden. Wenn die Gebote der Bergpredigt nur exakt befolgt würden, dann könnten Staat, Polizei, Armee, ja sogar die Kirchen selbst abgeschafft werden.

Was ist richtig? Kommt man zum Kern der Sache, dann gibt es in der Bergpredigt zwei zentrale Aussagen, von denen sich alle anderen Urteile und Forderungen ableiten lassen.

Falsche Bilder vom Menschen

Politik soll laut Aristoteles das geordnete Zusammenleben der Menschen ermöglichen. Was die richtige Ordnung ist, wird seit Menschengedenken unterschiedlich beurteilt, und die Philosophen aller Zeiten haben sich bemüht, darauf eine Antwort zu geben. Die Römer hatten eine Vorstellung von der richtigen Ordnung, die Pax Romana. Im Mittelalter gab es die Zwei-Reiche-Theorie, in der absoluten Monarchie hieß es »L'état c'est moi«. Auch die Nazis hatten eine Ordnungsvorstellung, genauso wie die Kommunisten. Was aber gilt heute?

Kants kategorischer Imperativ, diese goldene Regel, die sich in unterschiedlichen Formulierungen auch bei Konfuzius und in der Bibel wiederfindet, gibt leider keine endgültige Antwort. Das liegt an dem ihm innewohnenden Subjektivismus. Die Frage ist grundsätzlicher und tiefgründiger. Und die Antwort hat harte politische Konsequenzen. Es geht nämlich um die Frage: »Was oder wer ist ein Mensch?«

Die Antwort ist in der Menschheitsgeschichte höchst umstritten. Karl Marx schreibt in einer seiner frühen Schriften unter dem Titel »Zur Judenfrage«, der Mensch, wie er gehe und stehe, sei nicht der eigentliche Mensch, sondern er müsse das richtige gesellschaftliche Bewußtsein haben und der richtigen Klasse angehören. Bei den Nazis mußte er der richtigen Rasse angehören, bei den Nationalisten der richtigen Nation. Bei uns natürlich der deutschen Nation, und die nicht dazugehören, kann man schlagen oder umbringen. Die Fundamentalisten verlangen, daß der Mensch die richtige Religion hat, sonst wird er ausgepeitscht wie in Saudi-Arabien oder auf dem Scheiterhaufen verbrannt wie bei uns noch bis vor dreihundert Jahren. Bei anderen Fundamentalisten muß der Mensch das richtige Geschlecht haben, er darf bloß keine Frau sein, sonst ist er von vornherein ein Mensch zweiter Klasse.

Das ist die auf der Erde wohl am weitesten verbreitete negative Kategorisierung des Menschen. Über die Hälfte der Menschheit sind Frauen. Aber es gibt niemanden, der mehr diskriminiert, entrechtet, geschändet, versklavt wird als Frauen. In Europa war das bis vor hundert Jahren im Prinzip fast genauso. Achtzig Prozent der eine Milliarde Analphabeten auf der Erde sind Frauen. Aber nicht, weil sie dümmer wären als die Männer, sondern weil sie von den von Männern errichteten staatlichen Strukturen, vor allem Bildungseinrichtungen, systematisch ferngehalten werden.

Wenn Menschen das Pech haben, zur falschen Klasse, Rasse, Nation, Geschlecht, Religion zu gehören, dann werden sie erschossen, vergast, gesteinigt, zu Tode gefoltert oder sonstwie umgebracht. So war es früher, so ist es heute. Falsche Menschenbilder sind die Ursache für die schlimmsten Verbrechen, für die größten politischen Fehlleistungen, die sich die Menschheit geleistet hat.

Offenkundig ist die Frage nach dem Menschenbild von entscheidender politischer Bedeutung. Das richtige Menschenbild kann keine »entschärfte« Variante der falschen Menschenbilder sein. Daß diese falsch sind, ergibt sich aus den Erfahrungen der Menschheitsgeschichte. Das richtige Menschenbild kann nichts anderes sein als deren Gegenteil. Diese Antwort finden wir im Evangelium. Der Mensch, wie er geht und steht, ist der »eigentliche Mensch«, in seiner Würde unantastbar, unabhängig von Rasse, Hautfarbe und Geschlecht.

Das hat Folgen: Die Erwachsenen von heute beispielsweise dürfen nicht so leben, daß sie die Menschenwürde derer verletzen, die nach ihnen kommen. Aber sie tun es. Jedes Jahr fallen weltweit Flächen der Brandrodung zum Opfer, die größer sind als Dänemark, Luxemburg und die Schweiz zusammen. Jeden Tag gehen zwanzig Pflanzen- und Tierarten unwiderruflich zugrunde. In jeder Sekunde blasen die Menschen Tausende Tonnen von Treibgasen in die Luft. Zum ersten Mal in der Milliarden von Jahren währenden Geschichte des Lebens kann eine Spezies, nämlich die menschliche, die gesamte Biosphäre vernichten. Wie Parasiten zerstören wir den Wirt, auf dem wir leben, unsere Mutter Erde. Aber im Gegensatz zu anderen Parasiten können wir unsere Kinder nicht einfach auf einen anderen Wirt schicken, wenn der jetzige stirbt.

Der Mensch als Kostenfaktor

Neben der Diskriminierung der Frauen hat der Rassismus die tiefsten Spuren in der Menschheitsgeschichte hinterlassen. Nach wie vor werden Menschen wegen ihrer Hautfarbe, Rasse oder Religion geächtet, auch wenn die Fälle zahlenmäßig zurückgehen. Doch es sind neue Verletzungen der Menschenwürde aufgekommen. In England erhalten Menschen, die älter sind als achtzig Jahre, keine Bypass-Operation, kein künstliches Hüftgelenk, und sie werden nicht zur Dialyse zugelassen. Es sei denn, sie haben genug Geld, um diese medizinischen Leistungen aus der eigenen Tasche zu bezahlen. In den Vereinigten Staaten ist die Lage noch katastrophaler. 45 Millionen Amerikaner haben keine Krankenversicherung, was im US-Präsidentschaftswahlkampf 2008 eine entscheidende Rolle gespielt hat. Eine Zwei-Klassen-Medizin gibt es inzwischen auch in Deutschland. Die Wohlhabenden unseres Volks haben sich zu einem Club zusammengeschlossen und versichern sich gegenseitig. Das sind die Privatversicherten. Die Ärmeren, und das sind die meisten, sind in der gesetzlichen Krankenversicherung zusammengeschlossen und versichern sich ebenfalls gegenseitig. Die Finanzierung der gesetzlichen Krankenversicherung kann aber nicht funktionieren, weil ihr das Geld der Wohlhabenden fehlt.

So wird die Gesellschaft bewußt in zwei Teile gespalten. Es ist eine neue Kategorie der Verletzung der Menschenwürde entstanden: arm, krank und alt. Der Mensch wird zum Kostenfaktor. Er gilt um so mehr, je weniger er kostet und um so weniger, je mehr er kostet. Das merken wir schon an der Sprache, die im Gesundheitswesen gesprochen wird.

Ich bin Verwaltungsratsvorsitzender einer großen Sozialstation in Rheinland-Pfalz. Diese Aufgabe übernahm ich aus Nostalgiegründen, weil ich die Sozialstationen als Landessozialminister vor über dreißig Jahren begründet habe. Sie waren eine Initiative, auf die ich heute noch stolz bin, und haben sich inzwischen in ganz Deutschland und auch in Österreich verbreitet. Es gibt hier keine Region mehr, die keine Sozialstation hat.

Ich habe erstaunliche Neuerungen erlebt. So wird in Dokumenten des Bundestags und in Broschüren der Caritas und der Diakoniewerke nicht mehr über Pflegebedürftige geschrieben, sondern über Kunden. Die Pflegebedürftigen sind neben den Ungeborenen aber die hilfsbedürftigsten Menschen in unserer Gesellschaft. Sie und insgesamt die Kranken zu Kunden zu deklarieren offenbart, wie ein langsam wirkendes Gift sich in das Bewußtsein unserer Gesellschaft einschleicht. Der kranke Mensch hat auch Ansprüche, weil er Beiträge bezahlt hat. Aber er ist in erster Linie ein um Hilfe suchender Mensch, der geheilt werden will.

Zum neuen Patientenbild paßt, daß der Krankenhausarzt zum Fallpauschalenjongleur wird, der dreißig Prozent seiner Arbeitszeit darauf verwenden muß, die richtige Fallpauschale herauszufinden für den medizinischen Eingriff, den er gerade vorgenommen hat. Es muß vor allem die für den Geschäftsführer des Krankenhauses richtige Fallpauschale sein. Das sind oft 35-, 40jährige Menschen, die außer Betriebswirtschaftslehre nichts in ihrem Leben gelernt haben. Sie haben keine Ahnung von Philosophie und Theologie, vom Humanismus, von der Geschichte der Menschheit und vor allem nicht von Medizin. Diese Leute glauben, die Welt bestehe aus der

Addition von Zahlen. Entsprechend dieser Mentalität wird das Krankenhaus umfunktioniert zu einem an der Gewinnmaximierung orientierten Unternehmen, geradeso, als wäre das Gesundheitswesen der Media Markt.

Wir sind die Zeitzeugen einer durchgehenden Ökonomisierung der gesamten Gesellschaft, vor allem im Gesundheits- und Bildungswesen. Natürlich kann man überall effektiver arbeiten, und Bildung und Gesundheit müssen bezahlt werden. Wir brauchen aber für beide Bereiche nicht weniger, sondern mehr Geld. Dies ist jedoch kein grundsätzliches Problem, denn es gibt, wie wir wissen, auf der Erde Geld wie Heu – es ist nur falsch verteilt.

Hybris und Idealismus

Es gab mehrere Gründe, warum ich mit 19 Jahren einer religiösen Organisation beitrat, die in der Öffentlichkeit stark umstritten war, die von ihren jungen Mitgliedern die längste und härteste Ausbildung und den totalen Einsatz rund um die Uhr forderte und ihnen außerdem vorschrieb, ein ganzes Leben ohne Frauen und ohne persönliches Eigentum auszukommen. Ein Grund war eine elitäre Hybris. Positiv könnte man sagen: Es war reiner Idealismus: Ich wollte etwas Besonderes aus meinem Leben machen und mich von anderen unterscheiden. Extremsportler, Abenteurer, Revolutionäre und Freiheitskämpfer sind ähnlich motiviert. Und ich wollte etwas Großes bewirken: die Welt verändern, zum Guten natürlich nach der NS-Katastrophe, die ich hautnah miterlebt hatte. Die mit diesem Idealismus verbundene

Energie konzentrierte ich auf jenen Jeshua Ben Joseph, der mir unglaublich imponierte und mich begeisterte, der die beste und gewaltigste Lehre geschaffen und die größte Volksbewegung der Weltgeschichte in Gang gesetzt hatte und für seine Ideen und Ideale auf üble Weise ermordet worden ist. Wenn ich schon solche Ziele hatte, wollte ich sie auch in der besten und radikalsten Formation der katholischen Kirche verwirklichen: in der »Gesellschaft Jesu«, wie sie offiziell heißt, im Jesuitenorden.

Johann Baptist Lotz

Es ist nicht so, daß es mir leichtgefallen wäre, in den Orden einzutreten. Da war vor allem der Abschied von der Familie, ich war schon immer ein Heimwehkind gewesen, und meiner Mutter war es im Innersten zuwider, daß ich diesen Schritt ging, sie fürchtete, mich für immer zu verlieren. Den Tod meines Bruders 1944 in Lothringen hat sie bis auf dem Sterbebett nicht verwunden. Sogar mein Vater brach in Tränen aus, als er mich nach einem Jahr beim ersten Besuch im Noviziat im Ordensgewand auf sich zukommen sah. Für beide Eltern galt: Verlust auch des zweiten Sohns. Die einzige, die sich freute, war meine fromme Großmutter.

Im August 1949 brachten mich meine Eltern zum Bahnhof Tuttlingen. Ich stieg nach einem tränenreichen Abschied in den Zug nach München. Doch schon zwei Stationen weiter, in Immendingen, faßte ich den Entschluß, in Ulm wieder auszusteigen. Aber die Fügung, das Schicksal, die Vorsehung oder der liebe Gott machten mir in der Gestalt des Universitätsprofessors Dr. Dr.

Johann Baptist Lotz, Mitglied eben dieser Gesellschaft Jesu, die ich schon wieder verlassen wollte, bevor ich überhaupt angekommen war, einen dicken Strich durch die Rechnung. Er stieg in Sigmaringen, wo er einen Vortrag gehalten hatte, in meinen Zug und zu allem Überfluß, nachdem er mich gesehen hatte, in dasselbe Abteil und nahm mich sofort fürsorglich in Beschlag, weil er mich von St. Blasien her kannte. Er lehrte an der Jesuitenhochschule in Pullach bei München, wo ich auch hinwollte, Ontologie und befaßte sich hauptsächlich mit Heidegger und den Wertephilosophen wie Max Scheler und Nicolai Hartmann. Er verwickelte mich in ein Gespräch über die Jesuitenausbildung und die Frage, ob man im Orden auch sein Glück finden könne. Er behauptete, glücklich zu sein, und führte dies hauptsächlich auf seine vergeistigte Existenz zurück: Er kannte nur seine Wissenschaft. Glück sei nicht die Erfüllung schöner Wünsche, sondern genau das Gegenteil: die Eliminierung aller unnötigen Ansprüche, zum Beispiel auf Frauen, Häuser, Aktien, Reichtum und Feinschmeckeressen. Natürlich bedürfe es einer sozialen Existenzsicherung, aber dafür sorge die Ordensgemeinschaft. Sein Professorengehalt führe er bis auf ein kleines Taschengeld – er war ein starker Raucher – an den Orden ab. Ich war ziemlich beeindruckt und traute mich nicht mehr, in Ulm auszusteigen und fahnenflüchtig zu werden.

Utopie Sozialstaat

Damals bekam ich die grobe Erkenntnis, deren Vernachlässigung in der Sozial- und Arbeitsmarktpolitik in den ersten Jahren dieses Jahrhunderts zu schweren Verwerfungen führen sollte, daß Glück etwas Relatives ist: Was für die einen angeblich oder wirklich höchste Zufriedenheit bedeutet, nämlich ein entsagungsreiches Leben, ist für andere Anlaß zur Revolution.

Ich hätte mir damals nicht träumen lassen, daß ich 58 Jahre später in Berlin einen sozialdemokratischen Finanzsenator erleben würde, Thilo Sarrazin, der seinen armen Stadtbürgern, sprich Hartz-IV-Empfängern, in »Bild am Sonntag« einen Speiseplan erstellte, der zeigte, so die Zeitung, »wie man als Arbeitsloser von 4,25 Euro am Tag leben kann«. Das ist der Regelsatz für Ernährung. »Sogar schon für 3,76 Euro am Tag gibt es drei volle Mahlzeiten«, sagte der Senator, der Vorstandsmitglied der Deutschen Bahn Netz AG war, in Aufsichtsräten sitzt und damals 11 000 Euro Monatsgehalt bezog.

Diese Tagesrationen für Arbeitslose sind ein typisches Beispiel für die immer weiter voranschreitende Verrohung der Sitten gegenüber armen Mitbürgern. Kindern stehen sogar nur 2,28 Euro für das Essen zur Verfügung, obwohl das Deutsche Forschungsinstitut für Kinderernährung ausgerechnet hat, daß für einen Jugendlichen 4,70 Euro das Minimum sind. Ich hätte damals auch nicht gedacht, daß ein Landesminister wie dieser Senator eines Tages mit »Geiz ist geil«-Parolen arme Leute folgenlos verhöhnen darf. Aber es ist so.

Die »Berliner Kampagne gegen Hartz IV« hat im Frühjahr 2009 eine Dokumentation über Sanktionen gegen Hartz-IV-Empfänger vorgelegt: »Wer nicht spurt, kriegt kein Geld.« Nicht nur die Existenz der Jobcenter als solche ist, wie das Bundesverfassungsgericht festgestellt hat, verfassungswidrig, sondern auch deren menschenverachtende Praxis. Die Ankündigung von Sanktionen belastet die Menschen psychisch stark, weil sie Betroffene zum Beispiel zwingt, einen 1,50-Euro-Job anzunehmen, woran das Unternehmen, das sie beschäftigt, richtig gut verdient. Einer Künstlerin, einer Psychologin und anderen Bewerbern werden zwanzig Bewerbungen im Monat abverlangt. Können sie fünf davon nicht nachweisen, wird der Regelsatz gekürzt. Wenn eine alleinerziehende Mutter ihr Kind einschulen muß, hatte sie bis Anfang 2009 alle von der Schule verlangten Utensilien vom Schreibmäppchen bis zum Schulranzen aus dem Regelsatz zu bezahlen. Aus vielen Fragebögen geht hervor, daß die Betroffenen die Vorgehensweisen der Jobcenter als seelische Grausamkeit empfinden. Andere beschweren sich über willkürliche Äußerungen von Fallbearbeitern, die keine genauen Informationen geben, keine Hilfe anbieten, keine Alternativangebote vorlegen, sondern nur Drohungen äußern. Wenn Leistungen gekürzt werden, sollen Sachleistungen gegen Hunger und Verwahrlosung nur im Ausnahmefall gewährt werden.

Man kann die Kürzung überleben, wenn man weiß, daß man Lebensmittelkarten bekommen kann, und wenn die Menschen dann noch die Kraft haben, diese beim Jobcenter einzufordern – vorausgesetzt, das Jobcenter ist bereit, darauf einzugehen. Oder wenn man sich bei jemandem einladen kann, um mal mitzuessen. Aber alles setzt voraus, daß die Menschen ihren Stolz vergessen und ihre Hilfsbedürftigkeit nach außen tragen. Am Ende steht das Bitten und Betteln. Hartz IV ist im Sinn des Gesetzes und in der Praxis der Jobcenter ein Verstoß gegen die Menschenwürde.

Einem 25jährigen wird der Regelsatz vollständig gestrichen, weil er eine Bescheinigung vom Gasversorger nicht eingereicht hat. Einem über 50jährigen werden alle Leistungen verweigert, weil ein vom Jobcenter beauftragter Arzt behauptet, er sei arbeitsfähig. Tatsächlich ist der Mann seit längerem krankgeschrieben. Das Sozialgericht gibt ihm recht. Auf die Frage, was für ihn persönlich das Schlimmste gewesen sei, sagt er: der Hinweis des Amtsleiters, er könne doch zum Sozialgericht gehen und sein Geld einklagen. Von was sollte er bis dahin leben? Ein anderer wird sanktioniert, weil er statt 15 Bewerbungen im Monat nur 5 bis 6 vorgelegt hat. Daß er in dieser Zeit einen geförderten Kurs absolviert und sich auch telefonisch um Arbeit bemüht hat, interessiert die Jobagenten nicht.

Die Demütigungen sind gewollt und von oben angeordnet, um auf die Menschen Druck zu machen. Das sind nur wenige Beispiele von Zehntausenden. Über 100 000 Klagen sind bei den Sozialgerichten anhängig. Nach Angaben des Deutschen Landkreistags sind inzwischen 7,4 Millionen Menschen von Hartz IV betroffen. Wenn Massenarmut einmal in Wut und Aggression umschlagen sollte, wozu die Deutschen länger brauchen als die Angehörigen anderer Nationen, dann tragen die Hartz-IV-Erfinder wie Ex-Bundeskanzler Gerhard Schröder und der ehemalige Wirtschafts- und Arbeitsminister Wolfgang Clement, aber auch der Bundestag insgesamt und nicht zuletzt Provokateure wie Sarrazin dafür die Verantwortung.

Seelische Hornhautmentalität

Es breitet sich in unserer Gesellschaft eine seelische Hornhautmentalität aus, die die Menschen unempfindlich macht für die wirklichen Nöte ihrer Mitmenschen. Die Verrohung der politischen Klassen, auch der Parteien, wird immer stärker und führt zu gewaltigen Fehlern, vor allem in der Sozial-, Arbeitsmarkt- und Gesundheitspolitik. Bei Hartz IV liegt der Fehler nicht in der Zusammenlegung von Sozialhilfe und Arbeitslosenhilfe. Diese Entscheidung war unter fiskalischen Gesichtspunkten richtig, sie war aber, wenn man so will, philosophisch und menschlich falsch. Der 50jährige Opel-Arbeiter in Bochum, der wegen der ins Schleudern geratenen Konzernmutter General Motors arbeitslos geworden ist, hat 35 Jahre Steuern und Beiträge bezahlt, Kinder großgezogen und eine gute Arbeit in seiner Firma abgeliefert. Er wird nach einem Jahr Arbeitslosengeldbezug auf den untersten Level der Sozialleiter geschoben. Er wird zum Fürsorgeempfänger gemacht. Das Geld bekommt er erst, wenn er vorher fast alles versilbert hat, was er für sich und seine Familie erarbeiten konnte. Er wird auch enteignet, wenn er keinen Job bekommt. Die Parole »Fordern und Fördern« beschränkt sich meist auf das Fordern. Der ehemalige Opel-Arbeiter wird behandelt, als hätte er nie einen Hammer in der Hand gehabt. Er wird aus der Verbindung zum Arbeitsleben völlig herausgerissen.

Die Arbeitslosenhilfe betrug früher immerhin 52 Prozent des letzten Nettolohns, hatte also einen Bezug zur Arbeitsleistung vor der Arbeitslosigkeit. Diese psychologisch wichtige Verbindung wird durch Hartz IV gekappt. Jahrelange Arbeit wird ignoriert. Hartz IV ist nichts anderes als die in Paragraphen gegossene staatliche Mißachtung der Lebensleistung dieser Menschen. Da dieses Schicksal jedem blühen kann, sogar Mitgliedern von Unternehmensvorständen, hat Hartz IV eine flächendeckende negative Wirkung. Die Menschen bekommen Angst vor der Zukunft, weil sie nicht wissen können, ob und wann das Damoklesschwert der Arbeitslosigkeit auf sie herabfällt.

Der inzwischen zurückgetretene Vorstandsvorsitzende des Automobilzulieferers Continental, Manfred Wennemer, hat mir bei einer Diskussion an der Universität Passau in schöner Offenheit die Vorteile von Hartz IV für sein Unternehmen benannt. Er sagte, Hartz IV sei unverzichtbar, weil seit seiner Einführung der Krankenstand bei »Conti« sich auf dem niedrigsten Niveau halte, das es in der Firma je gegeben habe. Auf die Frage, warum dies so sei, antwortete Wennemer, »weil die Menschen Angst haben, nach Hartz IV abgestuft zu werden«.

Die Ökonomisierung der Gesellschaft hat die Einstellung der politisch Verantwortlichen und der Angehörigen der Verwaltungen gegenüber Antragstellern und Hilfesuchenden pervertiert. Kostenargumente dominieren, die persönlichen Schicksale betroffener Menschen verschwinden hinter einer Wand von Paragraphen und Zahlen.

Das Denken der Menschen verroht, und gleichzeitig verlieren sie die Fähigkeit zum Mitleiden, zur Barmherzigkeit, vor allem wenn es um die eigenen Landsleute geht. Die totale Ökonomisierung der Gesellschaft, deren Ergebnis die sich im eigenen Volk verschärfende Not ist, ist die Todsünde des Kapitalismus.

Als ich Sozialminister in Rheinland-Pfalz war, von

1967 bis 1977, fiel auch die Kriegsopferversorgung in meine Zuständigkeit. Immer wieder gab es Streit über die richtige Einstufung der Kriegsversehrten hinsichtlich der Minderung ihrer Erwerbsfähigkeit (MdE genannt) und ihres Berufsschadensausgleichs, der errechnet wurde aus der Differenz zwischen ihrem jetzigen Arbeitseinkommen und dem Entgelt, das sie bekommen hätten, wenn es diesen Krieg nicht gegeben hätte und sie nicht verwundet worden wären. Ich habe alle Mitarbeiterinnen und Mitarbeiter der Versorgungsämter angewiesen, in Zweifelsfällen immer zugunsten der Kriegsopfer und ihrer Angehörigen zu entscheiden. Dadurch wurden nicht nur die Klagen vor den Sozialgerichten auf ein Minimum reduziert, sondern auch das Selbstbewußtsein der Kriegsopfer gestärkt, die unter ihren Verletzungen oft schwer zu leiden hatten. Wenn Kläger vor den Sozialgerichten recht bekamen, hatte ich die Anweisung gegeben, gegen das Urteil nicht in die Berufung zu gehen.

Bei den Jobagenturen, den Arbeitsgemeinschaften und den Sozialämtern der Kommunen wird genau das Gegenteil praktiziert. Die sogenannten Jobagenten sind sogar gehalten, am Jahresende Einsparergebnisse vorzulegen. Da sie meist auf ein Jahr befristete Arbeitsverträge haben, tun sie natürlich alles, um dieses Ziel zu erreichen. Das heißt, sie legen in Zweifelsfällen das Gesetz immer gegen die Arbeitslosen aus. Das ist der eigentliche Grund, warum die Arbeitsgerichte von Hartz-IV-Klagen überschwemmt werden. Im Jahr 2008 gab es laut Bundessozialgericht 174 618 neue Verfahren. Diese amtlich verordnete Verrohung der Beamten und Angestellten der Jobagenturen zerstört nicht nur das Vertrauen zwischen Arbeitslosen und den für sie zuständigen Ämtern, sondern macht auch die Hartz-IV-Gesetze wesentlich teurer, als sie es wären, wenn sie human ausgelegt würden. Die Unmenschlichkeit zeigt sich auch darin, daß viele Familien aus den Wohnungen, in denen sie bisher mit ihren Kindern gelebt haben, durch die Jobagenten vertrieben werden, weil die Wohnfläche größer ist, als die Bestimmungen von Hartz IV vorsehen.

Die Privilegierung der Minijobs durch die Hartz-IV-Gesetzgebung führte zu einer weiteren Entsolidarisierung der Gesellschaft, ähnlich wie in den Vereinigten Staaten. Wenn zwei oder drei Jobs notwendig sind oder beide Elternteile berufstätig sein müssen, um den Familienhaushalt zu finanzieren, werden die Familien zerrüttet, verwahrlosen die Kinder, brechen Ehen auseinander. Es ist die Amerikanisierung der sozialen Verhältnisse, die unsere Gesellschaft bedroht. Das US-Erziehungsministerium schätzt, daß 25 Prozent der Amerikaner Analphabeten sind. Es handelt sich vor allem um Kinder aus Working-poor-Familien. Auf 100 000 Einwohner kommen in den Vereinigten Staaten zwölf Kapitalverbrechen, in Deutschland sind es – noch – zwei. Millionen von Amerikanern sitzen rechtskräftig verurteilt in Gefängnissen. Der amerikanische Soziologe Fridman hat einmal hochgerechnet vom Jahr 1990 bis zum Jahr 2040, daß, wenn diese Entwicklung weiterginge, von 2009 an gerechnet in 31 Jahren die Hälfte der Amerikaner im Gefängnis sitze und von der anderen Hälfte bewacht werde. Diese gewiß zugespitzte Prognose kennzeichnet das Charakteristische an der gesellschaftlichen Entwicklung: nämlich die immer weiter um sich greifende Entsolidarisierung. Selbst der überzeugteste Monetarist und Fiskalfetischist müßte eigentlich erkennen, daß die finanziellen

Folgeschäden einer entsolidarisierten Gesellschaft größer sind als alle Kosten einer Gesellschaftsordnung, die den Menschen nicht zum Kostenfaktor degradiert, sondern sich am christlichen und humanen Menschenbild orientiert.

Lebt Osama bin Laden noch?

Ich war einer der ersten Bundestagsabgeordneten, die nach dem 11. September 2001 in Kabul mit deutschen Soldaten zusammentrafen. Als ich nach Berlin zurückkam, haben Journalisten und Kolleginnen und Kollegen mich gefragt, ob Osama bin Laden noch lebe. Ich sei ihm nicht begegnet, war meine Antwort, aber ich wisse, daß Osama bin Laden in den Köpfen und in den Herzen von Hunderten von Millionen Menschen lebe, nämlich in den Armutsquartieren und den Elendsvierteln von Indonesien, Bangladesch, Pakistan, Afghanistan, Iran, Irak, Palästina, Jordanien, Somalia, Sudan, Ägypten, Algerien, wo die Jugendarbeitslosigkeit neunzig Prozent betrage. Junge Menschen, die null Perspektive für ihr irdisches Leben hätten, würden leicht zum Opfer des islamistischen Heilsversprechens.

Jesus hat sich in den zweieinhalb Jahren seiner öffentlichen Tätigkeit massiv für die Interessen der Menschen eingesetzt, vor allem der Armen. Er hat ununterbrochen mit der religiösen und staatlichen Obrigkeit Streit angefangen, wenn es um die Interessen dieser Menschen ging. Er hat die elitären Machtpositionen, durch die die Menschen ausgebeutet wurden, in Frage gestellt. Seine Kritik konzentrierte sich auf ein starres Gesetzes- und Regelwerk und dessen Vertreter, die, wie er sagte, den Menschen Lasten aufbürdeten, die sie nicht tragen konnten. Glaubt jemand im Ernst, Jesus würde Parolen akzeptieren wie »Das Boot ist voll« und »Ausländer raus« oder »Sozial ist, was Arbeit schafft«, auch wenn es sich um menschenunwürdige Arbeit handelt, von der die Menschen gar nicht leben können? Oder »Deutschland den Deutschen«, »So wenig Staat wie nötig und soviel Markt wie möglich«, »Mehr Kapitalismus wagen«? Diese Situation ist vor allem eine Herausforderung an die Kirchen. Die Frage ist, wenn Jesus wiederkäme, wen würde er heute stören?

Die globale ökonomische und soziale Entwicklung steht im diametralen Gegensatz zur Botschaft des Evangeliums. Die Ökonomisierung der Gesellschaft beruht auf dem kapitalistischen Wirtschaftssystem, in dem die menschlichen Werte auf den Kopf gestellt werden. Das Kapital ist im Lichte des Evangeliums keineswegs per se schlecht, aber es hat den Menschen zu dienen und nicht die Menschen zu beherrschen. Heute ist es umgekehrt. Das Kapital beherrscht die Menschen, und die Menschen sind seinen Interessen ausgeliefert.

Es gibt in der Politik aber keine überflüssigen Menschen. In den Demokratien haben sie alle eine Stimme, und sie werden sie nutzen. In autoritären oder diktatorischen Systemen, wo die Menschen keine Stimme haben, werden sie oder ihre geistlichen Führer sich Waffen besorgen, und wenn es fliegende Kerosinbomben sind, die in den Symboltürmen des Kapitalismus einschlagen, oder Sprengsätze, die, von Handys gezündet, in Vorortzügen europäischer Hauptstädte explodieren. Das verfehlte Wirtschaftssystem produziert den Terrorismus.

Das Evangelium als ethische Grundlage für eine neue Weltordnung

Die »Gutmenschen«-Frage

Die Botschaft der Nächstenliebe ist die Grundlage der Zivilisation. Doch sie wird mißverstanden und lächerlich gemacht. In Leitartikeln in den Wirtschaftsteilen der großen Zeitungen wird gefragt, was Nächstenliebe und Solidarität in einer modernen globalen Welt zu suchen hätten.

Vor 2000 Jahren schon stellte ein Pharisäer dem, wie die FDP sagen würde, Gutmenschen Jesus die Frage: Sag mal, Rabbi, wer ist denn der Nächste? Jesus gab bekanntlich keine direkte Antwort, sondern erzählte eine Geschichte aus dem Wadi el-Kelt, von der Aduminsteige, der Blutsteige, einem für Mord und Totschlag berüchtigten Flußtal, das sich herabzieht von Jerusalem nach Jericho: Ein Jude wird dort überfallen, blutig geschlagen, ausgeraubt und bleibt am Weg liegen. Der Priester, der vorbeikommt, geht weiter, genauso der Levit. Aber dann kommt der Mann aus Samaria. In den Augen der Juden ein Ungläubiger, ein Apostat, und dieser Abweichler, so würden wir heute sagen, versorgt den Verletzten, bringt ihn ins nächste Hotel und gibt dem Wirt sogar Geld, damit der sich weiter um ihn kümmert. Nachdem er das erzählt hatte, stellte Jesus die Gegenfrage. Wir denken ja, der Verletzte sei der Nächste, aber Jesus fragte den Pharisäer etwas ganz anderes, nämlich wer von den dreien der Nächste für den Überfallenen gewesen sei, der Priester, der Levit oder der Samariter. Darauf blieb dem Pharisäer nichts übrig, als zu antworten: Der Mann aus Samaria. Was bedeutet diese Geschichte? Ich, wir alle sind die Nächsten für diejenigen, die in Not sind. Ich muß nicht die ganze Welt lieben von Kamtschatka bis zum Südpol, möglichst viele, damit es auch möglichst unverbindlich wird. Ich muß auch nicht den Silvio Berlusconi lieben oder George W. Bush. Mir wird schlecht schon bei dem Gedanken, ich müßte ohne Ausnahme alle Mitglieder der CDU/CSU-Bundestagsfraktion in Berlin lieben oder gar diejenigen der SPD.

Die Nächstenliebe oder modern gesprochen die Solidarität ist keine Gefühlsduselei, keine platonische Angelegenheit, nichts, das mit seelischem Wohlbefinden zu tun hat, eben kein Gutmenschentum. Nächstenliebe ist eine Pflicht. Man muß demjenigen helfen, der in Not ist. Ohne Einschränkung, ohne Alternative. Das kann unter Umständen auch der Feind sein. Das ist in Wahrheit die Bedeutung der so verspotteten Feindesliebe. Sie ist eine realisierbare Utopie, und sie scheitert nicht an einer rein quantitativen Unmöglichkeit, ihr zu entsprechen. Denn wer nicht in Not ist, dem muß man nicht helfen. Dies ist der Raum für Eigeninitiative, Eigenverantwortung, für private Kompetenz bei den Risiken des Lebens.

Aber man täusche sich nicht. Die Not in Deutschland ist zwar eine andere als in Bangladesch, aber auch hier steht sie vor der Haustür. Schon die Kosten einer mittelschweren Krankheit kann ein einzelner nicht mehr aufbringen, auch wenn er gut verdient. Deswegen bleibt die solidarische Grundsicherung, auch und gerade im Gesundheitswesen, die Grundlage jeder Zivilisation. Man kann ein Volk von 82 Millionen nicht zur Absicherung der Grundrisiken auf den Kapitalmarkt verfrachten. Die private Versicherung hat ihren Sinn in ergänzenden Leistungen. In der Rentenversicherung bietet sich ebenfalls nur eine solidarische Lösung an, gerade wegen des demographischen Wandels. Man kann es machen wie in der Schweiz, wo alle ab einem bestimmten Alter Versicherungsbeiträge bezahlen müssen, oder wie in Schweden, wo die Rente über die progressive Einkommenssteuer finanziert wird.

Das beste ethische Konzept haben in der Rentenversicherung die Schweizer. Alle zahlen von allem für alle: der Millionär von seinen Kapitaleinkünften, der Gemeinderat von seinen Sitzungsgeldern, der Arbeitnehmer vom Lohn. Die Beitragssätze sind niedrig, die Renten hoch, das System ist finanzierbar, denn das Modell realisiert den plausiblen biblischen Grundsatz, daß die wirtschaftlich Stärkeren zur Solidarität mehr beitragen müssen als die wirtschaftlich Schwächeren. Diese ethisch begründete Solidaritätspolitik ist ökonomisch unschlagbar und allen anderen Finanzierungssystemen überlegen.

Eine humane, ökologisch nachhaltige zukünftige Weltwirtschafts- und Friedensordnung kann von der Utopie zur Realität werden, wenn sie auf diesen ethischen Fundamenten aufgebaut wird: dem uneingeschränkten Schutz jedes, aber auch wirklich jedes Menschen, der dienenden Funktion des Kapitals, der Pflicht, denen zu helfen, die in Not sind, wobei die Stärkeren mehr beitragen müssen als die Schwächeren. Dieses ethische Konzept hat den weiteren Vorteil, daß es konsensfähig ist über ethnische, religiöse, nationale Grenzen hinweg.

Fasnacht oder Berge?

Die Fasnacht und meine Leidenschaft für die Berge stürzten mich, solange ich Minister in Rheinland-Pfalz war und in Mainz wohnte, immer wieder in ein Dilemma. Soll ich am Freitag ins Mainzer Schloß zu »Mainz wie es singt und lacht« und drei Tage später zum Rosenmontagszug in die Mainzer Innenstadt oder gehe ich zum Skibergsteigen? In diesem Gewissenskonflikt siegten über Jahrzehnte immer die Berge über den Rosenmontag. An Fasnacht 1985 wollten meine Söhne und ich im Berner Oberland über den Jungfraufirn und den Konkordiaplatz auf die Finsteraarhornhütte, gerieten aber auf der Grünhornlükke in einen Schneesturm. Ich fuhr in der Finsternis in eine Gletscherspalte, blieb zwar am Leben, zerriß mir aber den linken Meniskus, dachte auf 3000 Meter Höhe und bei 20 Grad minus an den Rosenmontag und sehnte mich nach Weck, Worscht und Woi. Die naheliegende Frage – die uns später noch beschäftigen wird –, warum man überhaupt in solchen Gefilden herumsteigt, kann rational ebensowenig beantwortet werden wie das erstaunliche Phänomen, daß in den Tagen von Weiberfasnacht bis Aschermittwoch am Rhein das normale Leben und partiell auch der Verstand aussetzen. Bei beiden Vorgängen handelt es sich aber um eine liebenswerte Irrationalität, die streng unterschieden werden muß von dem normalen Irrsinn, der uns umgibt.

C. G. Jung schreibt zwar, der Irrsinn sei bei Individuen etwas Seltenes, bei Völkern dagegen die Regel, entsprechend dem ukrainischen Sprichwort (es könnte niemals ein deutsches sein): Wenn die Fahne fliegt, ist der Verstand in der Trompete. In der Politik jedoch, die ja die

Ordnung eines Volks gestalten soll, konkretisiert sich der Irrsinn in den dort tätigen Individuen, den Ministern, Abgeordneten und höheren Beamten. Die Deutsche Psychiatrische Gesellschaft schätzt, daß 17 Prozent der Deutschen, also fast jeder Fünfte, eine Macke haben. Überträgt man diesen Prozentsatz auf das Parlament und die Regierung, dann erkennt man in diesen Institutionen ein erhebliches Gefahrenpotential für das Volk, das allerdings in einer Demokratie durch Auswahlverfahren und zeitlich begrenzte Mandate beachtlich reduziert wird. Das gleiche gilt nicht für andere, demokratieferne Einrichtungen: zum Beispiel Kirchen, Wirtschaftsverbände, Gewerkschaften, auch Universitäten, mit Ausnahme der exakten Wissenschaften.

Der ökonomische Irrsinn

Die Wirtschaftswissenschaften zählen zu den Geisteswissenschaften, ihre Vertreter sind aber vom partiellen Irrsinn besonders betroffen, weil sie sich für exakte Wissenschaftler wie Mathematiker oder Physiker halten. Der Schaden, den die Wirtschaftswissenschaftler von Milton Friedman bis Hans-Werner Sinn in den letzten Jahrzehnten im Volk und in der Politik angerichtet haben, muß erst noch aufgearbeitet werden. Der Sozialstaat: ein Monster! Sozialer Wohnungsbau: absurd, Mindestlohn, gesetzliche Rente: abschaffen! Für den Staat nur noch die Polizei! Alles andere regelt der Markt, wie die Wochenzeitung »Die Zeit« einmal registrierte. Obwohl ein Blinder die Absurdität dieser Thesen erkennt, hat ihr Erfinder, der Nobelpreisträger (!) Milton Friedman, über zwei

Jahrzehnte die Wirtschaftspolitik der westlichen Staatsmänner bestimmt, mit der Folge wachsender Massenarbeitslosigkeit und zum Beispiel der Zerstörung der Industrielandschaft Ostdeutschlands durch die Treuhand. Die Nachfolgeorganisation der SED ist deswegen heute dort wieder die stärkste Partei. Was für eine Verrücktheit durch »selbstgemachte Vorstellungen einer falsch dichtenden Einbildungskraft«, wie Kant den Wahnsinn definiert! Ist es nicht eine spezielle Form von Stumpf- und Starrsinn, wenn einem Hartz-IV-Empfänger die dreißig Euro, die sein Kind vom Opa zur Einschulung bekommt, von der Regelleistung wieder abgezogen werden? Es ist kollektiver Irrsinn (und moralischer Aberwitz) im Sinne von C. G. Jung, wenn ein ganzes Parlament nicht in der Lage ist, einen solchen Skandal zu beseitigen. Die SPD befand sich aus solchen und anderen Gründen 2008 im Delirium, im ursprünglichen Sinn des Wortes, abgeleitet von »de lira ire«: aus der Furche gehen, aus der Spur geraten. Mit der Agenda 2010 hat sie ihre eigene Seele an den Neoliberalismus verkauft.

Die Finanz- und Wirtschaftskatastrophe 2008/09 hat fast allen die Augen geöffnet – am längsten dauerte es aber bei den Wirtschaftsflügeln von Union und SPD. Sie waren mit der Bewältigung der größten Finanz- und Wirtschaftskrise seit achtzig Jahren total überfordert und setzten weiter auf die alten Rezepte des Neoliberalismus und Kapitalismus, der noch nie die Philosophie der CDU war. Aber die Kurpfuscher des Neoliberalismus bieten sich nach wie vor als Vertrauensärzte für morgen an.

Der Markt ist alternativlos

Eine Erkenntnis hat sich nicht geändert, nämlich daß es zum Markt und zum Wettbewerb grundsätzlich keine vernünftige Alternative gibt. Dies hat zuletzt die sozialistische Staatswirtschaft unter Beweis gestellt. Aber welche Konzeption der Marktwirtschaft ist die richtige? Walter Eucken, Wilhelm Röpke und Alexander Rüstow waren vor sechzig Jahren die Vordenker der deutschen Sozialen Marktwirtschaft, der für Unternehmen und Bevölkerung erfolgreichsten Wirtschafts- und Sozialphilosophie der Geschichte. Milton Friedman und Friedrich von Hayek, von dem Rüstow sagte, er »gehöre, in Spiritus gesetzt, ins Museum des Frühkapitalismus«, ersetzten die Soziale Marktwirtschaft durch die neokapitalistische Trias Liberalisierung, Deregulierung, Privatisierung und desavouierten gleichzeitig die antizyklische Wirtschaftspolitik des John Maynard Keynes. Die spätkapitalistisch-neoliberale Wirtschaftstheorie, die besser »Anarchokapitalismus« genannt würde, bestimmt seit Anfang der achtziger Jahre, wenn auch mit sinkender Kompetenz, die Wirtschaftspolitik in Deutschland und Europa, und dies mit verheerenden Folgen zum Beispiel für die neuen Bundesländer. Die wirtschafts- und sozialpolitischen Verwerfungen unserer Zeit sind die Folgen eines falschen Denkens in den Wirtschaftswissenschaften. John Maynard Keynes, von dem sogar Hayek meinte, er habe »niemals etwas Wahreres gesagt«, formuliert dies so: »Die Ideen der Nationalökonomen und Philosophen wirken stärker, als allgemein angenommen wird, und zwar sowohl, wenn sie recht haben, als auch, wenn sie irren. Tatsächlich wird die Welt kaum von etwas anderem regiert.« Nun ist klar, daß sich irrige Ideen vor allem dann durchsetzen, wenn sie von mächtigen Interessen gestützt, das heißt vor allem finanziert werden. Nichts hat der globalen Finanzindustrie und den chaotischen Zuständen in der Weltwirtschaft mehr Auftrieb gegeben als die Thesen von Milton Friedman.

Was ist schiefgelaufen?

Es hätte doch alles ganz anders kommen sollen. Kapitalismus, das sei »die Chance, mit offenen Märkten wirtschaftliches Wachstum zu fördern, Ressourcen effizienter zu nutzen, Lebensbedingungen und Wohlfahrt der Menschen zu verbessern«, erklärte Rolf-Ernst Breuer, lange Jahre Chef der Deutschen Bank. Das war das Kredo der Neoliberalen in Konzernen und Regierungen.

Inzwischen herrscht Unruhe im Land. »Weit scheint heute die Zeit des Jubels von 1989 zurückzuliegen«, schreibt Jens Jessen, der Feuilletonchef der »Zeit«, »als der Zusammenbruch des sozialistischen Lagers allgemein wie ein Triumph der freien Marktwirtschaft gefeiert wurde.« Nur der konservative Soziologe Niklas Luhmann, gewiß kein Nostalgiker des Sozialismus, wollte nicht von einem Sieg sprechen: Man könne allenfalls und höchstens die Formulierung wagen, daß der Sozialismus früher als der Kapitalismus zusammengebrochen sei.

Kapitalismus und Globalisierung werden zu Recht in einem Atemzug genannt. Zwar birgt die grenzenlose Verschmelzung von Märkten, Unternehmen und Informationsflüssen das Potential, die Spaltung der Menschheit in arm und reich zu überwinden. Doch die enormen Chancen der Globalisierung drohen verlorenzugehen. Die diskontinuierliche Entwicklung von Ökonomie und Politik ist eine der Ursachen dafür: Die Ökonomie ist global, die Politik nach wie vor national, bestenfalls europäisch oder amerikanisch. Es ist klar, wer da am längeren Hebel sitzt. Die Globalisierung rückgängig zu machen wäre unsinnig und unmöglich, notwendig ist vielmehr eine Internationalisierung der Politik, damit diese wieder auf Augenhöhe mit der Wirtschaft kommt.

Der Kapitalismus ist genauso falsch wie der Kommunismus

Die negativen Auswirkungen des kapitalistischen Wirtschaftssystems auf die Menschen sind nicht erst seit der Finanzkrise evident. Seit Jahren argumentiere ich, oft ausgelacht und absichtlich mißverstanden, in fast jeder Talkshow, jedem Vortrag gegen diese Wirtschafts»ordnung« und ihre absehbaren Folgen. Demokratische Entscheidungen wurden durch die Diktatur der internationalen Finanzmärkte ersetzt, und nach ihrem Zusammenbruch sind die Staaten gezwungen, sie zu retten. Hundert Millionen von Arbeitslosigkeit bedrohte Menschen in Europa und den USA und drei Milliarden Arme, die zusammen jährlich ein geringeres Einkommen haben, als die 400 reichsten Familien der Erde an Vermögen besitzen, sind geeint in der Angst vor der Zukunft, aber auch in der Wut, dem Abscheu und dem tiefen Mißtrauen gegenüber den politischen, ökonomischen und wissenschaftlichen Eliten, die ähnlich den Verantwortlichen in der Zeit des Übergangs vom Feudalismus in die Industriegesellschaft offensichtlich unfähig waren und teilweise immer noch sind, die offenkundigen Fehler des kapitalistischen Systems zu erkennen und die unausweichliche Globalisierung der Ökonomie human zu gestalten. Die Menschen sind Opfer einer Shareholder-Value-Ökonomie, die keine Werte kennt jenseits von Angebot und Nachfrage, die Spekulanten begünstigt und langfristige Investitionen behindert. Die Staatsmänner der westlichen Welt ließen sich von den multinationalen Konzernen und den Banken erpressen und gegeneinander ausspielen: Verantwortlich ist ein Meinungskartell von Ökonomieprofessoren und Publizisten, die meinen, die menschliche Gesellschaft müsse funktionieren wie ein Industriekonzern, und die sich beharrlich weigern anzuerkennen, daß der Markt geordnet werden muß, daß auch global Regeln einzuhalten sind und Lohndumping die Qualität der Arbeit und der Produkte zerstört.

Jetzt spürt jedermann die Folgen einer Wahnidee, die schon in den zwanziger Jahren die Weltwirtschaftskrise verursachte, nämlich des Irrglaubens, die Gesetze und Selbstheilungskräfte der Märkte würden alle Probleme von selbst lösen. Das Spannungsverhältnis zwischen Kapital und menschlicher Arbeit, einschließlich Forschung und Innovation, ist geblieben. Die Kommunisten hatten versucht, den Konflikt dadurch zu lösen, daß sie das Kapital eliminierten und die Kapitaleigner liquidierten. Bekanntlich sind sie damit gescheitert. Der Kapitalismus eliminiert die Arbeit und liquidiert die Menschen am Arbeitsplatz. Der Kapitalismus ist genauso falsch wie der Kommunismus.

Während in den siebziger und achtziger Jahren noch über achtzig Prozent der Menschen den Satz »Wenn es der Wirtschaft gutgeht, geht es auch mir gut« bejahten, sind es heute keine zwanzig Prozent mehr. Unsere politische Stabilität beruht aber auf der Trias Demokratie, Marktwirtschaft, Sozialstaat. Wenn eine dieser Säulen wegbricht, sind auch die anderen gefährdet. Die Folgen sind Perspektivlosigkeit und immer mehr Stückwerk. Es fehlt ein umfassendes politisches und makroökonomisches Konzept für eine humane Gestaltung der Globalisierung.

Monster, die kontrolliert werden müssen

Die westliche Wirtschaft sieht sich einer aggressiven ökonomischen Expansion gegenüber, vor allem der asiatischen Länder, insbesondere von China und Indien. Diese Entwicklung geht zu Lasten Europas und der USA. Sie ist die Folge eines ungeordneten Wettbewerbs auf dem Weltmarkt. Vor allem die Chinesen erringen Erfolge mit Hilfe einer gnadenlosen Ausbeutung der Menschen und der natürlichen Ressourcen und auch durch kriminelle Produktpiraterie und staatlich gelenkten Diebstahl geistigen Eigentums. Die westlichen Demokratien müssen sich entscheiden, ob sie diese Mißachtung aller menschlichen und rechtlichen Standards weiter akzeptieren.

Eine solche Situation ist nur deswegen möglich, weil die europäischen Länder und die USA, die Hauptträger des uneingeschränkten Kapitalismus, die ethischen Fundamente von Politik und Ökonomie weitgehend aufgegeben haben. Menschenrechte und der Schutz der Menschenwürde spielen geowirtschaftlich und geopolitisch so gut wie keine Rolle mehr. Im Gegenteil, die westlichen

Industrieländer zerstören einerseits durch Zollpräferenzen und Subventionierung der eigenen Agrarprodukte die Lebensbedingungen vieler Entwicklungsländer und hofieren andererseits die Länder, die sich durch Ausbeutung der Menschen, Vernichtung der Umwelt und geistigen Diebstahl Wettbewerbsvorteile im Welthandel verschaffen. Diese werden sogar noch belohnt, zum Beispiel durch die Vergabe der Olympischen Spiele nach Peking.

Bundespräsident Horst Köhler hat die internationalen Finanzmärkte als »Monster« bezeichnet, die kontrolliert werden müßten. Erstaunlich ist, daß diese zutreffende Beschreibung nicht schon viel früher erfolgt ist. Mußte man auf den weltweiten Hypothekenkreditskandal, bei dem nach Schätzungen des Internationalen Währungsfonds (IWF) binnen weniger Monate eine Billion US-Dollar vernichtet worden sind, warten, um auf höchster Ebene die längst fällige Diskussion über die Anarchie der globalen Kapitalmärkte in Gang zu setzen? Große Teile der globalen Finanzindustrie kannten keine staatliche Aufsicht. Die Manager des Welthandels mit Wertpapieren und sonstigen Finanzprodukten regulieren ihre Angelegenheiten weitgehend selbst. Jeden Tag werden an den internationalen Börsen über zwei Billionen US-Dollar umgesetzt und außerdem Hunderte Milliarden von Dollar zur Gewinnmaximierung hin- und hergeschoben, wobei ein Teil des Geldes steuerfrei in den sogenannten »Off-Shore-Centers« geparkt wurde: mitten in Europa – auf den Kanalinseln, in der Schweiz, Liechtenstein, Belgien, Österreich –, auf den Bermudas und den Caymaninseln.

Finanzwirtschaft und Realökonomie*

Das internationale Finanzgeschäft hat das Wachstum der Wirtschaft inzwischen weit überholt. 1980 lag der Wert aller Finanzanlagen der Welt, also Aktien, Anleihen und Schuldtitel aller Art sowie Einlagen auf Bankkonten, bei rund zwölf Billionen US-Dollar und entsprach damit in etwa dem Wert der realen ökonomischen Wertschöpfung. Bis heute hat sich das Geldvolumen auf 150 Billionen US-Dollar verzehnfacht und ist dreimal so groß wie das Weltbruttoinlandsprodukt, die weltweite jährliche Wirtschaftsleistung, von ungefähr 50 Billionen Dollar. Das liegt vor allem an dem immer schneller betriebenen »global gambling«, dem internationalen Spiel der Spekulanten mit Devisen, Derivaten und anderen Finanzprodukten. Mit der Größe der Finanzindustrie wuchs zudem deren politischer Einfluß. Diejenigen Wissenschaftler und Journalisten, die diese Entwicklung seit Jahren publizistisch preisen, entpuppen sich als gewiß arglose, aber nützliche Werkzeuge dieser unkontrollierten Mächte.

Noch bis in die achtziger Jahre hinein waren Banken und Versicherungen Dienstleister für die Wirtschaft, die Bürger und den Staat, die mit den Krediten der Finanzbranche ihre Investitionen finanzierten. Das hat sich völlig umgekehrt. Die Banken dienten nicht mehr den Unternehmen, sondern die Realwirtschaft stand im Dienst der Finanzindustrie, die einen immer größeren Teil der Gewinne auf sich zog. »Der Diener hat sich in

---

* Z. B. sehr gut nachzulesen in: Harald Schumann/Christiane Grefe, Der globale Countdown, Köln 2008, S. 81 ff.

den Meister verwandelt, der Schwanz wedelt mit dem Hund«, sagt der frühere Weltbankökonom und heutige Professor an der London School of Economics and Political Science, Robert Wade. Die Gier nach Geld zerfraß die Hirne dieser Menschen und veranlaßte sie, mit immer neuen Finanzmanipulationen und Finanzinnovationen immer höhere Gewinne regelrecht zu erschwindeln. Die Finanzkrise hat deshalb die Realwirtschaft voll erfaßt.

Sony Kapoor, ein ehemaliger Derivatehändler, vergleicht die Lage mit dem Autoverkehr: »Das Finanzsystem ist früher wie ein Auto auf glatter Straße gefahren, der Fahrer war ausgebildet, und es gab Verkehrsregeln und Kontrollen.« Heute dagegen gleiche der Markt »einer großen Zahl von Lastwagen, die, mit Brennstoff beladen, auf einer Landstraße voller Schlaglöcher Rennen fahren« – ohne Regeln und ohne Verkehrspolizei. Das ganze System ist von der Wurzel her verdorben. Die Krise hat nicht nur ahnungslose deutsche Provinzbanker erfaßt, die tölpelhaft die Bankenaufsicht aushebeln wollten, sondern genauso die Weltbanken, von der französischen Société Générale bis zur schweizerischen UBS. Eine wirksame politische Neuordnung in den Ländern mit den wichtigsten Finanzzentren wird wegen der Verfilzung der Finanzindustrie mit der Politik in den USA und Großbritannien erschwert.

Internationale Sozial-Ökologische Marktwirtschaft

Nur in einer Internationalen Sozial-Ökologischen Marktwirtschaft läßt sich heute das geordnete Zusammenleben der Menschen ermöglichen. Sonst bleibt die globale Wirtschaft eine Welt der Anarchie, ohne Gesetze, ohne Regeln, ohne soziale Übereinkünfte, in der die Privatwirtschaft eine entscheidende Rolle spielt, von der aber auch die Mafia, die Drogendealer und die Terroristen ebenso profitieren wie antidemokratische kapitalistische Systeme wie China.

Ziel der Sozialen Marktwirtschaft, umgesetzt von Ludwig Erhard, war nicht Ausgrenzung, sondern »Wohlstand für alle« (Titel des wichtigsten Buches von Erhard). Die Soziale Marktwirtschaft kannte vor allem den geordneten Wettbewerb. Erhard schuf die Kartellgesetzgebung, das Bundeskartellamt und die Fusionskontrolle aus der Erkenntnis heraus, daß es ohne geordneten Wettbewerb auf die Dauer immer mehr Monopole und Oligopole gibt und kleine und mittlere Betriebe immer weniger Chancen haben. Aber das genau ist heute der Trend. Wir leben in einer Zeit der ökonomischen Megalomanie. Merging ist das Schlagwort, das heißt, immer mehr Fusionen, Übernahmen und Outsourcing kennzeichnen das wirtschaftliche Geschehen (Mannesmann–Vodafone, Rhône-Poulenc–Hoechst–Aventis–Sanofi, aber auch Schaeffler–Continental, Siemens Handy–BenQ mobile, Mobilcom–Freenet, ArcelorMittal, DaimlerChrysler–Mitsubishi, Schering–Bayer, um nur wenige Beispiele zu nennen). Zur Illustration: Es gibt die Geschichte von dem reichen katholischen Aktionär, der seiner Pfarrei jährlich hohe Spenden zukommen ließ. Der Pfarrer prophezeit ihm nach seinem Tod das sofortige Paradies. Nachdem der Aktionär eines Tages gestorben ist, steht er vor der Himmelstür und denkt, daß sich nun die Portale öffnen, es Manna regnen, die Posaunen erschallen und die Engel

Halleluja singen würden. In der Tat öffnen sich die Tore, aber was erblickt der Aktionär? Rabenschwarze Nacht, es stinkt nach Pech und Schwefel, und in der Mitte steht der Teufel. Der Aktionär ruft entsetzt: Aber man hat mir doch das Paradies versprochen! Darauf der Teufel: Nur hereinspaziert, wir haben fusioniert. In der Tat: für einige wenige sind diese Zusammenschlüsse der Himmel, Leidtragende sind oft die Aktionäre, fast immer die Arbeitnehmer.

Eine Internationale Sozial-Ökologische Marktwirtschaft müßte die internationalen Finanzsysteme kontrollieren, die Off-Shore-Center schließen, eine internationale Spekulationssteuer einführen, die europäischen und amerikanischen Agrarsubventionen beschränken, die Millionen von Afrikanern arbeitslos machen, und die globalen Institutionen wie Weltbank, IWF und Welthandelsorganisation (World Trade Organization, WTO) reformieren, die der Nobelpreisträger für Wirtschaftswissenschaften Joseph E. Stiglitz dafür verantwortlich macht, daß die Globalisierung bisher schiefgelaufen ist.

Es besteht jedoch die Gefahr, daß die weltweiten Diskussionen wieder beherrscht werden von der gleichen Crème de la crème einäugiger und selbstgefälliger Fachleute aus den Konzernen und Wirtschaftswissenschaften, die die Finanzkatastrophe früher hätten erkennen müssen, aber nicht über ihren Schatten springen und zugeben können, daß ihre Ideologie der Marktgläubigkeit gescheitert ist. Die Vergötzung des Markts hat zum Bankrott des kapitalistischen Systems geführt. Notwendig ist vor allem, daß das globale Finanz- und Wirtschaftssystem wieder ein ethisches Fundament bekommt.

Die Utopie einer neuen Weltwirtschafts- und Friedensordnung

Weltethos

Für die internationalen politischen und ökonomischen Beziehungen sind wichtige Voraussetzungen vorhanden. Wie schon Hans Küng mit seinem Projekt Weltethos nachgewiesen hat, gibt es in allen Religionen der Welt ethische Grundprinzipien, die auch von den interkulturellen philosophischen Bewegungen geteilt werden. Sie kommen zum Beispiel in der Weltethoserklärung des Parlaments der Weltreligionen und der Erd-Charta zum Ausdruck. Es gibt eine ethische und multikulturelle Weltgesellschaft. Ihre Mitglieder sind Christen, Juden, Muslime, Hindus, Buddhisten, Animisten, aber auch Atheisten – also die Bürgerinnen und Bürger der fünf Kontinente, die sich unabhängig von ihrer Hautfarbe und ihrer Religion auf ein gemeinsames Programm der Humanität einigen können. Zumindest auf die goldene Regel: »Gibt es ein Wort, das ein ganzes Leben lang als Richtschnur des Handelns dienen kann?« wurde Konfuzius gefragt. Seine Antwort war: »Das ist Gegenseitigkeit (chinesisch: shu).« Gegenseitige Rücksichtnahme ist die goldene Regel für das Zusammenleben der Menschen. »Was du selbst nicht wünschest, das tue auch nicht anderen.« Jesus hat es positiv gesagt: »Alles was ihr wollt, daß euch die Leute tun sollen, das tut auch ihnen.«

Allerdings müssen die Völker der Welt, vor allem ihre politischen Führer, noch einen Schritt weitergehen, nämlich die menschliche Würde uneingeschränkt anerkennen und schützen. Nur dann ist ein Fundament vorhanden für gemeinsames politisches Handeln. Es genügt nicht, den Schutz der Menschenwürde und der daraus resultierenden Menschenrechte verbal anzuerkennen, sondern die Menschenrechte müssen in den Gesetzen der Staaten als unmittelbar geltendes Recht verankert werden. Das ist ein großes Ziel, aber was in Europa, dem in der Weltgeschichte am schlimmsten von Haß und Unterdrückung zerrissenen Kontinent, gelungen ist, kann auch auf der ganzen Erde durchgesetzt werden. Jedenfalls darf dieses Postulat nicht weggeworfen werden. Hinzu kommt, daß alle Staaten und ihre Einwohner gegenüber zukünftigen Generationen für den Erhalt der natürlichen Lebensgrundlagen verantwortlich sind.

Globaler Marshallplan für die Millennium-Entwicklungsziele

Eine neue Weltpolitik ist unausweichlich. Die Folge der unregulierten Globalisierung sind wachsende Armut, Verteilungskonflikte zwischen Nord und Süd, Flüchtlingsbewegungen, kulturelle Konflikte, eine Zunahme des Terrorismus, Kriege und Umweltkatastrophen. Die negativen Folgen treffen die überwiegende Mehrheit der Menschen, vor allem in der südlichen Erdhälfte mit ihren Megastädten, was aber auf den Norden zurückwirkt. Es gibt daher keine Alternative zu einem verbesserten und für alle Staaten verbindlichen globalen Rahmen für die

Weltwirtschaft. In diesem Rahmen müssen die ökonomischen Entwicklungen in Einklang gebracht werden mit den Erfordernissen der Umwelt, der humanen Grundrechte und der kulturellen Vielfalt auf dieser Erde. Die Voraussetzung hierfür ist ein hohes Maß an Toleranz und ein gemeinsamer Lernprozeß von Nord und Süd, der in einem fairen globalen Vertrag münden muß.

Im Jahr 2000 haben 189 Staaten einen Entwicklungsplan unterzeichnet, in dem beschlossen worden ist, bestimmte Ziele, die »Millennium-Entwicklungsziele«, zu erreichen. Das ist nicht gleichbedeutend mit einer gerechten Weltordnung und einer nachhaltigen Entwicklung, aber ein unverzichtbarer großer Schritt auf dem Weg zu einer Weltfriedens- und Weltwirtschaftsordnung, die sich am Menschen und an der Natur orientiert. Die Millennium-Entwicklungsziele sind:

- extreme Armut und Hunger beseitigen,
- die Grundschulbildung für alle Kinder garantieren,
- die Gleichstellung der Frauen fördern,
- die Kindersterblichkeit senken,
- die Gesundheit der Mütter verbessern,
- HIV/Aids, Malaria und andere schwere Krankheiten bekämpfen,
- ökologische Nachhaltigkeit gewährleisten und
- eine globale Partnerschaft für Entwicklung aufbauen.

Die Finanzierung

Um diese Ziele zu erreichen, sind mindestens 100 Milliarden US-Dollar pro Jahr erforderlich. Dieser Betrag entspricht weniger als 0,3 Prozent des Weltbruttosozialprodukts und weniger als 0,01 Prozent der jährlichen Kapitalflüsse um unseren Globus.

100 Milliarden US-Dollar pro Jahr sind aufzubringen, wenn bestimmte Voraussetzungen erfüllt werden. Zunächst einmal müssen alle Industriestaaten endlich 0,7 Prozent ihres Bruttosozialprodukts für die Entwicklungszusammenarbeit bereitstellen. Außerdem müssen die USA und die Europäische Union die Subventionen für einheimische Agrarprodukte beenden, soweit diese Produkten in den Entwicklungsländern Konkurrenz machen. Die Entschuldung der ärmsten Länder muß weitergeführt werden.

Genauso wichtig ist die Schaffung neuer Finanzierungsquellen. Unverzichtbar ist die Abgabe auf weltweite Finanztransaktionen, gemeinhin Tobin-Steuer genannt. Eine EU-weite Einführung würde bei einem Steuersatz von 0,01 Prozent etwa 38 Milliarden US-Dollar einbringen, eine weltweite Einführung Erträge von etwa 125 Milliarden US-Dollar, also mehr, als die UNO benötigt, um die Millennium-Entwicklungsziele zu finanzieren. Hinzukommen kann eine Terra-Abgabe auf den grenzüberschreitenden Welthandel, eine Verteuerung der weltweiten Gütertransporte, der Handel mit (pro Kopf gleichen) CO_2-Emissionsrechten, eine Kerosinsteuer und Sonderziehungsrechte beim IWF für besonders benachteiligte Entwicklungsländer.

Neue Regeln für die Finanzmärkte

Um eine erneute Finanzmarktkrise zu vermeiden, ist ein geordneter Wettbewerb auf den internationalen Finanzmärkten notwendig mit von den Industrieländern zu beschließenden Regeln für den Geld- und Wertpapierverkehr. Es ist klar, daß diese Regeln, solange es noch keine Weltregierung gibt, nur multilateral vereinbart werden können. Dazu gehören eine wesentlich strengere Kontrolle der Finanzmärkte und ihrer Akteure sowie die staatliche Aufsicht über alle Teile des Finanzsystems, auch über Hedgefonds, Ratingagenturen und den Handel mit komplizierten Finanzprodukten. Außerdem müssen die Finanzprodukte standardisiert und staatliche Ratingagenturen eingerichtet werden. Des weiteren sollten die Managergehälter einer Regelung unterworfen werden, die verhindert, daß die Manager durch Aktienoptionen zu Spekulanten werden. Darüber hinaus müssen steuerfreie Geld- und Warengeschäfte mit den Off-Shore-Centers verboten werden, noch besser wäre deren Schließung. Notwendig wäre schließlich eine Demokratisierung der Weltbank, des IWF und der WTO.

Ohne diese Alternative zum kapitalistischen System ist eine humane Weltwirtschafts- und Weltfriedensordnung nicht möglich. Die Alternativen sind Blutvergießen, Wirtschaftskriege und knappe Ressourcen, vor allem bei Energie und Wasser, Überhandnahme des Fundamentalismus und ein weltpolitisches Chaos, das auch vor den Toren Europas und der USA nicht haltmachen wird. Eine humane Alternative der Marktwirtschaft durchzusetzen ist also Pflicht und Verantwortung der Politik, das heißt der Regierungen und der Parteien.

Vorbild 1947

Bei der Formulierung dieser Ziele darf man sich nicht entmutigen lassen. Vor gut sechzig Jahren, 1947, wurde die Soziale Marktwirtschaft im Bizonenwirtschaftsrat mit einer Stimme Mehrheit durchgesetzt. Jedermann kann sich an fünf Fingern abzählen, was aus Deutschland und Europa ökonomisch geworden wäre, wenn die Abstimmung anders ausgegangen wäre. Die Voraussetzung, um auch auf der globalen Ebene politisch etwas zu erreichen, ist erstens ein Konzept. Dieses Konzept ist vorhanden, wie ich auf den letzten Seiten dargelegt habe. Es ist ein Konzept, das international bereits in vielen Bereichen anerkannt und für notwendig gehalten wird. Zweitens braucht es natürlich die Kraft und den Mut zur politischen Auseinandersetzung. Eine Weltwirtschaftsordnung dieser neuen Qualität ergibt sich nicht von selbst, sondern muß gegen starke Mächte durchgesetzt werden, vor allem gegen die globalen Finanzinteressen. Das benötigt Frauen und Männer, die stark genug sind, Streit anzufangen und den Streit durchzustehen. Die Soziale Marktwirtschaft in Deutschland ist deswegen geglückt, weil es solche Frauen und Männer gab, die von ihrer Idee überzeugt waren und bereit, für sie zu kämpfen.

Eine Weltfriedensordnung – eine Utopie?

In seiner Schrift »Zum ewigen Frieden« schreibt Kant, eine weltbürgerliche Ordnung zwischen den Völkern sei erreichbar, weil ein nach Rechtsgrundsätzen verfaßter Staat auch im Verhältnis zu »andern benachbarten oder auch entfernten Staaten zu einer gesetzlichen Ausgleichung ihrer Streitigkeiten« fähig und willens sei. Einfacher gesagt: Rechtsstaatliche Demokratien können, wenn sie nicht ihre Seele verraten wollen, auch international nicht gegen Rechtsgrundsätze verstoßen. Aus dieser These resultiert Kants Idee von dem den Frieden garantierenden Universalstaat.

Die amerikanische und die britische Regierung haben im Irakkrieg fast alle völkerrechtlichen Grundsätze aufgegeben, die für die Anwendung von Gewalt zwischen Staaten maßgeblich sind. Sie haben darüber hinaus auf die Bedrohung ihrer Ordnung durch den Terrorismus mit immer größeren Einschränkungen der Menschen- und der Grundrechte und damit auch der Freiheit und des Rechtsstaats geantwortet. So haben sie die Ordnung, die sie verteidigen wollen, gefährdet, wenn nicht sogar teilweise zerstört. Das Verhalten vor allem der Vereinigten Staaten hat dem rechtsstaatlichen Ansehen der westlichen Demokratien und ihrer Glaubwürdigkeit schwer geschadet.

Vor Beginn des Irakkriegs durch die amerikanische Regierung war das rechtsstaatliche Selbstverständnis, wie es der Kantschen These zugrunde liegt, weitverbreitet. Es begründete nach dem Ende des Kolonialismus, an dem sich die USA nur sehr begrenzt beteiligt hatten, das Überlegenheitsgefühl des Westens und seiner Bürger gegenüber Diktaturen und autoritären Regimen. Heute stehen die westlichen Demokratien in ihren Beziehungen zu anderen Staaten vor einem Trümmerhaufen. Sie haben alle Rechtsgrundsätze mißachtet, die die größten Geister der Menschheit von Cicero bis Kant entwickelten, um die Frage zu beantworten, wann ein Staat gegen einen anderen Gewalt anwenden darf. Beim Irakkrieg lag keine »justa causa« vor, der Krieg war auch nicht die »ultima ratio«, und vor allem hatten weder die Amerikaner noch die Briten eine »recta intentio«, das heißt die Vorstellung einer politischen Lösung. Und fast am schlimmsten ist, daß die vierte Bedingung, nämlich daß es auch in einem Krieg ein »jus in bello« geben muß, also ein »Recht im Krieg«, von den Amerikanern durch Abu Ghraib und Guantanamo ad absurdum geführt wurde.

Die Einschränkung der Menschen- und der Grundrechte haben nicht mehr Sicherheit, sondern eine immer größere Verunsicherung der Menschen erreicht, sozial, ökonomisch, rechtlich, möglicherweise sogar verbunden mit einer Verschärfung radikaler Vorstellungen. Mit anderen Worten, die Menschen in den westlichen Demokratien haben ihren ethischen Kompaß verloren. An dessen Stelle treten vom Frühstücksfernsehen bis zu den Abendmeldungen die Nachrichten über Dax, Dow Jones und Nikkei-Index. Die Führer und Bürger der westlichen Demokratien tanzen um das Goldene Kalb und haben die Gesetzestafeln zertrümmert.

Sicherheit auf Kosten der Freiheit?

Die Voraussetzung für eine Weltfriedensordnung im Kantschen Sinne ist daher, daß in den westlichen Staaten das Rechtsstaatsprinzip nicht aufgegeben wird. In Deutschland hat sich dazu das Bundesverfassungsgericht in seinem Urteil zum großen Lauschangriff eindeutig geäußert. Das Gericht lehnt die Relativierung des Artikels 1 des Grundgesetzes, daß die Würde des Menschen unantastbar ist, ab, wie sie einige Verfassungsrechtler, zum Beispiel der Bonner Juraprofessor Matthias Herdegen, zumindest für den pränatalen Bereich vertreten haben. Das Gericht spricht von einem »unantastbaren Kernbereich privater Lebensgestaltung, den der Staat zu achten« habe. Es spricht »vom verfassungsrechtlichen Gebot unbedingter Achtung einer Sphäre des Bürgers für eine ausschließlich private, eine höchst persönliche Entfaltung«. Das Recht, in Ruhe gelassen zu werden, soll auch in den eigenen Wohnräumen gelten. Innere Vorgänge wie Empfindungen und Gefühle, Überlegungen und Ansichten, Erlebnisse höchst persönlicher Art müssen zum Ausdruck gebracht werden können ohne Angst, daß staatliche Stellen dies überwachen. Die Konsequenz ist eindeutig, daß dieser private Kernbereich nicht aus Sicherheitsgründen angetastet werden darf. Aber immer wieder wird der Versuch unternommen.

Der große Lauschangriff war zum Teil verfassungswidrig. Kommt bald der große Gen-Angriff, die totale Online-Überwachung? Dann ist der ganze Mensch erfaßt vom Bankkonto bis zur Erbkrankheit. Datenschutz wäre nicht mehr möglich.

Er wird längst diskriminiert als Täterschutz. Aber Datenschutz ist Persönlichkeitsschutz, das heißt das Recht jedes einzelnen, grundsätzlich selbst darüber entscheiden zu können, wer wann was über ihn wissen darf.

Immer mehr Grundsätze werden in Frage gestellt. Die Trennung von Polizei und Geheimdiensten ist schon aufgehoben. Dabei wollten wir Deutschen doch niemals wieder eine Geheime Staatspolizei.

Was sonst soll nicht mehr gewährleistet sein, wenn die Politik weiter diesem Trend folgt? Die alsbaldige Kontrolle von Verhaftungen und sonstigen Grundrechtseingriffen durch unabhängige Richter; das Recht auf Akteneinsicht; das Recht auf freie Wahl eines Verteidigers; das Recht, überhaupt einen Verteidiger zu haben; die öffentliche Beweisführung. Der Grundsatz »Im Zweifel für den Angeklagten« ist bei Ausländern schon auf den Kopf gestellt. Das Verbot bestimmter Vernehmungsmethoden, auch der Folter, wird inzwischen öffentlich angezweifelt. Die Sicherheitsbehörden und die Innenminister sagen: Der Rechtsstaatskatalog ist schön und gut, aber nur, solange er die Bekämpfung des Terrorismus nicht behindert. Der Journalist Heribert Prantl warnt zu Recht: »Wer echt oder vermeintlich in den Dunstkreis des Terrorismus gerät, ist nahezu vogelfrei.« Dieser Zustand ist in den Vereinigten Staaten durch die Bush-Regierung längst eingeführt worden. Wegen Foltervorwürfen ist einzelnen Soldaten der Prozeß gemacht worden, aber die rechtlosen Zustände in Guantanamo und in anderen Gefängnissen konnten nur entstehen, weil die politisch und publizistisch Verantwortlichen die Stimmung im amerikanischen Volk aufgeheizt haben durch die Verwendung einer brutalen Jäger- und Kriminellensprache. Konservative Medien und Politiker haben ein Klima erzeugt, in dem den Soldaten und Polizisten an der Front jedes Unrechtsbewußtsein abhanden kommen mußte. Nicht die Einzeltäter, die angeklagt wurden, sondern die Meinungsführer tragen die Verantwortung für das moralische Desaster, das die gesamte westliche Welt erfaßt hat. Die Rettung konnte nicht von außen kommen, sondern nur von innen, nur vom amerikanischen Volk selbst. Mit der Wahl von Barack Obama zum US-Präsidenten hat sich die Chance eröffnet, die Identität zwischen den

USA und dem Rechtsstaat wiederherzustellen. Dies ist dringend notwendig, weil der Westen vor dem psychologischen und politischen Problem steht, daß die Zahl der Menschen, die seinen Regierungen mit Argwohn begegnen und ihnen von der Folter bis zum Angriffskrieg jedes Unrecht zutrauen, weltweit rapide zunimmt. Auch in Europa.

Für viele Menschen ist die UNO zum Hoffnungsträger geworden. Sie soll die Fehler und Irrtümer überwinden und den Weg öffnen zu einer globalen Rechtsordnung und einer demokratischen Weltregierung. Vor allem die Unterorganisationen der UNO, vom Flüchtlingskommissariat (UNHCR) über das Kinderhilfswerk (UNICEF) bis hin zur Umweltbehörde (UNEP), der lange Jahre Klaus Töpfer vorstand, haben die Bedingungen des Lebens auf dieser Erde verbessert. Aber in den Fragen von Krieg und Frieden sowie bei der Verletzung von Menschenrechten hat sich leider so gut wie nichts gebessert.

Vor allem das mächtigste Organ der UNO, der Sicherheitsrat, ist zur größten Barriere auf dem Weg zu einer globalen Rechts- und Friedensordnung geworden. Was ist von einer Institution zu halten, die zwar strafbewehrte Restriktionen gegen den Irak beschließt, aber nicht in der Lage ist, Beschlüsse für eine Friedensordnung im benachbarten Palästina – das Zentralproblem des Nahen und Mittleren Ostens – durchzusetzen oder sich zu Tschetschenien oder Tibet zu äußern?

Massenmörder und brutale Menschenrechtsverletzer gab es nicht nur im Irak. Vertreter dieser Spezies sitzen mit Vetorecht im Sicherheitsrat, andere sind, obwohl Staatsterroristen, die engsten Verbündeten der USA. So ist auch der Sicherheitsrat zur Falle für die Glaubwürdigkeit der westlichen Demokratien geworden, und es ist nur folgerichtig, daß die NATO, zum Beispiel auf dem Balkan oder in Afghanistan, und die EU eine stabilisierende Rolle in der Weltpolitik übernehmen.

Wir müssen aber die Hoffnung auf einen gerechten Frieden nicht aufgeben, nur weil eine demokratische Weltrepublik noch nicht zu verwirklichen ist.

Kritische Weltöffentlichkeit durch das Internet

Wir haben für das Erreichen dieses Ziels eine bereits realisierte Utopie als erfolgreiches Modell, nämlich die Europäische Union – ein wirkungsvoller Ersatz für das noch fehlende globale Friedenssicherungsrecht ist eine stärker werdende kritische Weltöffentlichkeit. Kant nennt sie ein »negatives Surrogat«, eine zweitbeste Lösung, die statt des Universalstaats bis zu seiner Verwirklichung realisierbar ist. Die höchste Macht des öffentlichen Rechts wird auf globaler Ebene durch die Macht der öffentlichen Meinung der Weltbürger ersetzt. Diese Hypothese Kants verwirklicht sich in rasendem Tempo Tag für Tag im Internet. Die Halbwertszeit des Wissens beträgt heute vier Jahre. Amerikanische Zukunftsforscher haben errechnet, daß in den nächsten zehn Jahren mehr neue Informationen erarbeitet werden als in den zurückliegenden 2500 Jahren seit Demokrit und Aristoteles. Dieses gigantische Wissen ist zusammengefaßt in globalen Datensystemen im Internet mit einer Billion Webseiten, 22 Milliarden Zeitungsseiten, 25 Millionen Büchern und den Informationen und Bildern von 15 000 Fernsehkanälen. Für die

Hardliner in Peking und ihren Herrschaftsanspruch ist das Internet gefährlicher als alle anderen Risiken in Ökonomie und Politik zusammengenommen. Sie versuchen daher, die Informationen aus dem Internet zu zensieren. Dies ist jedoch auf die Dauer völlig unmöglich. Auf der Basis des weltweiten Austausches von Informationen über die Möglichkeiten politischer Emanzipation, die Durchsetzung von Menschenrechten und die Chancen einer demokratischen Ordnung werden die Menschen die Zustände in ihren Ländern verbessern wollen. Auch in den islamischen Ländern wird sich auf die Dauer nicht verhindern lassen, daß die Frauen ihre faktische und rechtliche Diskriminierung nicht als gottgewollt verstehen, sondern als aufhebbar.

Beiträge der Kirchen – utopisch?

Der Ritenstreit

Im Jahr 1773 verbot Papst Clemens XIV. die Gesellschaft Jesu, weil der Orden den Kolonialismus und die Ausbeutung Indiens und Lateinamerikas durch die katholischen Könige Portugals, Spaniens und Frankreichs angriff und sich auf die Seite der Unterdrückten stellte. Außerdem waren die Jesuiten in Konflikt geraten mit anderen Orden, zum Beispiel den Kapuzinern und den Dominikanern, und zwar in China.

Die Jesuiten waren seit Ende des 16. Jahrhunderts in China aktiv. Manche wurden als Gelehrte am chinesischen Kaiserhof anerkannt und aufgenommen. Sie glichen die christliche Religion an die damals in China herrschenden Sitten und Gebräuche an. Zum Beispiel kleideten sie sich nicht in schwarze Soutanen, sondern in die gelbe Tracht der Mandarine, und die Totenmesse wurde in weißen Gewändern gehalten, weil in China Weiß die Farbe der Trauer ist. Die Kapuziner und Dominikaner schwärzten die Jesuiten in Rom an mit der Behauptung, sie würden den Glauben verraten.

Es entwickelte sich der sogenannte Ritenstreit. Die Jesuiten waren für die Akkommodation, also die Angleichung der Liturgie an die Gebräuche und Sitten der verschiedenen Länder, wogegen die Kapuziner in Kanton mit dem Kreuz in der Faust durch die Straßen zogen und den Chinesen eine schreckliche Religion des gekreuzigten Jesus, verbunden mit der Drohung der Verdammnis in der Hölle, verkündeten.

Ein Gespenst geht um

Durch das Verbot der Jesuiten verlor die Kirche nicht nur ihren stärksten Missionsorden, sondern auch die geistige Kraft, den Problemen der Industrialisierung zu begegnen. Die Folge war ein totales Versagen der Kirche von Anfang bis Mitte des 19. Jahrhunderts. Erst 1891 veröffentlichte Papst Leo XIII. die Enzyklika Rerum Novarum als Antwort der katholischen Kirche auf die soziale Frage, damals die Arbeiterfrage, aber sie kam 43 Jahre zu spät. Im Jahr 1848 hatten nämlich zwei andere eine Enzyklika veröffentlicht, die weltweit eine explosive Wirkung entfalten konnte, nämlich Karl Marx und Friedrich Engels das »Kommunistische Manifest«: »Ein Gespenst geht um in Europa – das Gespenst des Kommunismus.« Diese Wirkung konnte das »Kommunistische Manifest« nur bekommen, weil die Verantwortlichen, Könige, Fürsten, Unternehmer, Politiker, Bischöfe, Kirchenpräsidenten und der Papst selbst, die soziale Frage überhaupt nicht verstanden hatten. Der Mainzer Bischof Wilhelm Emmanuel von Ketteler und der »Gesellenvater« Adolph Kolping waren rühmliche Ausnahmen.

Der von Johannes Paul II. seliggesprochene Papst Pius IX. bekämpfte Mitte des 19. Jahrhunderts vor allem die Aufklärung und stellte den sogenannten Syllabus zusammen, ein Dokument, das die »modernistischen Irrtümer« verurteilt, zum Beispiel die Forderung nach Pressefreiheit. Der Syllabus wurde 1864 veröffentlicht, gerade 16 Jahre nach dem »Kommunistischen Manifest«. Nach dieser Fehlleistung dauerte es 125 Jahre, nämlich bis 1989, bis »das Gespenst des Kommunismus« – nicht ohne Mitwirkung des polnischen Papstes Johannes Paul II. – wieder verschwunden war.

Die Kritik am Kapitalismus

Auch heute stellt sich die Frage, ob die katholische Kirche und ihre Führer zu jenen Zeitgenossen gehören wollen, die Fehler immer zwei- oder dreimal begehen, um sie besonders gut zu beherrschen. Zwar war Papst Johannes Paul II. mit seiner fundierten Kritik am globalen Kapitalismus und der daraus resultierenden sozialen Ungerechtigkeit vielen christlich-demokratischen Konservativen, aber auch vielen sozialdemokratischen und erst recht liberalen Parteien und Gruppen voraus, zum großen Teil allerdings auch seinen Bischöfen. Aber in der Personalpolitik begünstigte er die Ernennung konservativer und ultrakonservativer Bischöfe, was in Österreich und in der Schweiz fast zur Kirchenspaltung geführt hätte.

Die absolut richtige Kritik Johannes Pauls II. an den Folgen des globalen Kapitalismus bekam jedoch nicht die notwendige Durchschlagskraft in der Öffentlichkeit, weil die katholische Kirche sich gleichzeitig intensiv und fast exklusiv mit dem Sexualverhalten der Menschen beschäftigte: von der Empfängnisverhütung bis zur Homosexualität – Fragen, in die sich die Menschen nicht gerne von Theologen hineinreden lassen. Hinzu kommen unverständliche Entscheidungen über den Kirchencharakter der evangelischen Kirche, das Verbot der kirchlichen Schwangerschaftsberatung, der Ausschluß wiederverheirateter geschiedener Männer und Frauen von der Kommunion, der Zwang zum Zölibat für die sogenannten Weltpriester und das Verbot der Priesterweihe für Frauen.

Heute reagiert die katholische Kirche zwar nicht mehr so stumpfsinnig wie zur Zeit von Pius IX. Aber ihr Verhältnis zur modernen Welt ist noch immer ambivalent. Der verstorbene Papst und die evangelische Kirche in Deutschland hatten Kompetenz und Glaubwürdigkeit durch ihre Kritik am globalen Kapitalismus gewonnen, aber auch durch ihre begründete Ablehnung des Irakkriegs. An diesem Beispiel kann man erkennen, daß die Kirchen die Zustimmung breiter Massen gewinnen können, wenn sie die wirklichen Probleme der Menschen ansprechen, sie artikulieren und sie klar und eindeutig auch gegen Widerstände beantworten.

Unter Johannes Paul II. drohte der Jesuitenorden fast völlig entmachtet zu werden. Der Papst griff 1981 in demütigender Weise in die Leitung des Ordens ein und oktroyierte ihm für zwei Jahre einen Administrator auf. Ein Grund war, daß die Jesuiten die »Theologie der Befreiung« in Lateinamerika unterstützten. Sie waren zum Teil sogar die treibende Kraft hinter dem Bestreben der einheimischen Bevölkerung, sich gegen die Übermacht der Konzerne, etwa bei der Ausbeutung der Naturschätze, zu wehren. Der Administrator wurde aber nach zwei Jahren wieder abberufen, und die Jesuiten konnten wieder frei ihren eigenen General wählen, mußten aber weiterhin darauf verzichten, bestimmte theologische Thesen, so auch die der »Theologie der Befreiung«, in der Öffentlichkeit zu vertreten. Wenn man angesichts dessen sieht, wie Benedikt XVI. der rechtsradikalen Piusbruderschaft geradezu nachgelaufen ist, kann man die Bitterkeit verstehen, die viele Katholiken, auch der »Kirche von unten«, erfaßt hat.

Geld und Macht

Die Kirche benötigt eine geistige Erneuerung. Johannes Paul II. hätte als der große geistige Führer einer Bewegung für eine neue Ordnung dieser Welt in die Geschichte eingehen können, hat sich jedoch immer wieder selbst konterkariert durch ultrakonservative Verlautbarungen und durch die Duldung von Aktionen seiner Glaubenskongregation. Was er mit der einen Hand aufbaute, riß er mit der anderen ab. Der jetzige Papst, Benedikt XVI., setzt diese moralisierende Pastoralpolitik seines Vorgängers fort – sie ist ja auch seine Politik als Präfekt der Glaubenskongregation gewesen – und überhöht sie durch die Forderung nach einer Spiritualisierung des gesamten Lebens. Beim Besuch des Marienwallfahrtsorts Lourdes wandte er sich zwar gegen die »Götzen der gegenwärtigen Welt«, nämlich »Geld und Macht«. Aber er spricht, so in einem Bericht der F.A.Z., »mit den vorsichtigen Worten eines mitfühlenden Gesellschaftskritikers« und behauptet, »die Suche nach Gott« sei die Grundlage der Europäer und der europäischen Kultur. Er fordert dazu auf, die »modernen Idole von Geld und Macht, aber auch des Habens und des bloßen Wissens zurückzuweisen, um zu Gott und dem wahren Glück zurückzukehren«. Er fragt: »Hat sich die gegenwärtige Welt nicht ihre eigenen

Götzen geschaffen? Hat sie etwa nicht, vielleicht auch unbewußt, die Heiden des Altertums nachgeahmt, indem sie den Menschen von seinem wahren Ziel abbrachte, von der Glückseligkeit, ewig mit Gott zu leben?«

Also: Er nennt Geld und Macht als Hindernis, Gott zu finden und mit ihm zu leben, was man sich auch immer darunter vorstellen sollte, aber Geld und Macht als Ursache für Not und Elend von über der Hälfte der Menschheit kamen bei ihm nicht vor. Kein Wort davon, daß über zwei Milliarden Menschen weniger zum Leben haben als den Gegenwert von zwei Dollar pro Tag, daß sie kein sauberes Trinkwasser haben, daß französische, amerikanische, belgische Konzerne zusammen mit Chinesen und Saudi-Arabern die Bodenschätze Afrikas gnadenlos ausbeuten und die Bewohner dieses Erdteils dafür nicht einen einzigen Dollar zu sehen bekommen. Der Papst will offensichtlich keine Zeit verschwenden auf die Kritik an der strukturellen politischen Gewalt, die die Ursache für diese Mißstände ist.

Es gehört aber zu den großen geschichtlichen Leistungen der Kirchen, daß die erfolgreichste Wirtschafts- und Sozialphilosophie der Wirtschaftsgeschichte, nämlich die Soziale Marktwirtschaft, entstanden ist durch ein geistiges Bündnis des Ordoliberalismus der Freiburger Schule – Walter Eucken, Wilhelm Röpke, Alexander Rüstow – mit der katholischen Soziallehre (Oswald von Nell-Breuning) und der evangelischen Sozialethik. Die heutige Welt in ihrer geistigen und ethischen Unordnung ist wieder dringend auf den geistigen Beitrag der Kirchen angewiesen.

Daß sich immer mehr Menschen vom Glauben abwenden, ist eine indirekte Folge des grandiosen Mißverständnisses des Evangeliums als einer aufs Jenseits gerichteten apolitischen Lehre. Auf seiner Afrikareise hat Benedikt XVI. zwar die Armut und die Ungerechtigkeit auf dem Kontinent angeprangert, aber nicht die strukturelle Gewalt des Kapitalismus, die Korruption und die gewalttätige Habgier der afrikanischen Oberschicht als Ursachen für die Verelendung des Kontinents benannt.

Lourdes oder die Hoffnung

Vor 150 Jahren soll in Lourdes, in den Pyrenäen, die Jungfrau Maria wiederholt einem 14 Jahre alten Mädchen, Bernadette Soubirous, erschienen sein. Daraus ist der Mythos entstanden, daß in Lourdes Kranke, auch Schwerkranke von der Mutter Gottes geheilt würden. Jährlich kommen, von kirchlichen Vereinen, Pfarreien und Bistümern organisiert, bis zu sechs Millionen aus siebzig Ländern zu diesem Wallfahrtsort. Nach mineralogischen Untersuchungen handelt es sich bei der Quelle, die am Erscheinungsort entspringt, um normales Wasser.

Ich habe mit meiner Familie auf der Rückkehr von einem Urlaub Lourdes besucht und ihr gegenüber, die von der Geschäftemacherei und dem Devotionalienhandel abgestoßen war, erklärt, daß die katholische Kirche als Volkskirche nicht nur durch theologische Weisheiten, sondern auch durch die sinnliche Erfahrung den Menschen den Glauben nahebringen wolle. Ihre Botschaft müsse die Wäscherin in Neapel genauso begreifen können wie der Theologieprofessor an der katholischen Fakultät von Regensburg. Deshalb seien etwa die Sakramente –

nämlich das Essen von Brot, Trinken von Wein, Taufen mit Wasser, Salben mit Öl – natürliche Gaben und Mittel, um den Glauben auch für einfache Menschen erfahrbar zu machen.

Ich nehme an, daß Hunderttausende dieser Menschen, die nach Lourdes wallfahren, im Ernst nicht daran glauben, geheilt zu werden. Aber sie haben möglicherweise nach dem Besuch von Lourdes mehr Hoffnung für ihr Leben. So sprach auch der Papst bei seinem Besuch von Maria als dem »Stern der Hoffnung«. Die Menschen würden in ihrer Krankheit getröstet und im christlichen Glauben gefestigt: »Maria ist unsere Mutter. Als ihre Kinder wollen wir Maria unser Leben anvertrauen – Freuden und Sorgen, Krankheit und Leid, all unsere Anliegen. Denn wir wissen: Maria führt uns sicher zu ihrem Sohn Jesus Christus.«

Aber haben nicht doch die Protestanten recht, wenn sie in diesem Marienkult, in dem manche Theologen ihre unterdrückte Sexualität in frommer Verehrung sublimieren, eine Blasphemie sehen? Reicht Jesus nicht aus, um Hoffnungsträger für die Menschen zu sein? Oder stört dieser Jesus möglicherweise sogar mit seiner Botschaft die Kirche in ihrer unglaublichen Larmoyanz und Passivität gegenüber dem weltweiten Leiden der Frauen und den Diskriminierungen, denen sie ausgesetzt sind? Die kultisch verehrte Maria in ihrer Reinheit, Schönheit und Güte ist jedenfalls das anbetungswürdige weibliche Ideal und absolute Gegenbild zur Frauenwelt des 21. Jahrhunderts, die sexuelle Selbstbestimmung und glamouröse Selbstdarstellung ebenso umfaßt wie massive Ausbeutung und tiefste Erniedrigung. Auch letzteres hat seine Ursache in struktureller und individueller Gewalt, gestützt auf maskuline Ideologien in Philosophie und Religion. Die Jungfrau und Mutter in Lourdes kann davor offensichtlich keine Rettung sein.

Die Utopie der Befreiung der Frauen

Die Schuld, Frau zu sein

Die Jungfrau Maria war auch keine Rettung für die 37jährige Mukhtar Mai. Sie mußte – wie die »Süddeutsche Zeitung« am 19. März 2009 berichtete –, als ihre Peiniger endlich von ihr ließen, in zerfetzten Kleidern vor den Augen der anderen Dorfbewohner nach Hause kriechen. Stundenlang waren vier Männer über sie hergefallen, hatten sie mehrmals vergewaltigt, aber auch diese Schmach der öffentlichen Erniedrigung sollte ihr nicht erspart bleiben. Sie mußte eine angebliche Schande sühnen, die ihr kleiner Bruder begangen hatte. Der Zwölfjährige habe sich mit einer Frau aus einem höheren Clan gezeigt, so die Anschuldigung, die sich später als falsch herausstellte. Die mächtigen Stammesführer im pakistanischen Meerwala entschieden, daß die geschiedene Schwester des Jungen nun herhalten müsse und erklärten sie zum Freiwild. Frauen wie Mukhtar Mai, die im islamischen Pakistan vergewaltigt werden, nehmen sich oft das Leben. Sie sind stigmatisiert. Ihnen wird in einer durch und durch patriarchalischen Gesellschaft auch noch die Schuld für das ihnen zugefügte Leid zugesprochen. Noch schlimmer erging es, wie beschrieben, der dreizehnjährigen Aisha, die in der somalischen Stadt Kismajo gesteinigt wurde.

Solche Ungeheuerlichkeiten geschehen aber nicht nur in der islamischen Welt. Der brasilianische Erzbischof von Recife und Olinda, José Cardoso Sobrinho, erregte im März 2009 weltweites Aufsehen. Ein neunjähriges Mädchen war von ihrem Stiefvater vergewaltigt und schwanger geworden. Nach der Abtreibung exkommunizierte der Erzbischof die beteiligten Ärzte und die Mutter offiziell und publikumswirksam, da sie gegen die Gesetze Gottes und der Kirche verstoßen hätten. Er sagte auch, die Abtreibung sei ein schwereres Vergehen als die Tat des Stiefvaters. Der Vatikan kritisierte die publizistische Behandlung des Falles durch den Erzbischof, ohne aber die Exkommunikation selbst zu verurteilen. Nach Aussage der behandelnden Ärzte hätte das nur 1,33 Meter große und 36 Kilogramm schwere Mädchen bei einer Fortsetzung der Schwangerschaft in akuter Lebensgefahr geschwebt.

Sie alle, die beiden Mädchen und Mukhtar Mai, hatten etwas zu büßen, nämlich »die Schuld, Frau zu sein«. So lautet der Titel von Mukhtar Mais Autobiographie, die sie einer Autorin diktierte, bevor sie selbst lesen und schreiben lernte.

Sexuelle Folter, Vergewaltigung, Verstümmelung und Verstoßung sind in vielen Ländern üblich. Die frauenspezifische Unterdrückung ist in zahlreichen Ländern der Welt auch rechtlich sanktioniert, Bestandteil der dortigen Rechtsordnungen. Die Weltreligionen, auch die christlichen Kirchen, müssen sich schwerste Vorwürfe gefallen lassen, weil sie in weitem Umfang die geistigen Urheber des geschlechts- und frauenfeindlichen Klimas sind. Die Deklassierung der Frauen gehört zum Grundmuster der die Entwicklung der Menschen beherrschenden patriarchalischen Religionen und der daraus entstandenen Gesellschaftsordnungen.

Gerechtfertigt wird die Vorherrschaft der Männer in aller Regel mit der »Natur der Frauen«. Sexualangst, Sadismus, die körperliche Überlegenheit der Männer und die daraus resultierende Herrschsucht sind die psychologischen Grundlagen dieser größten Perversion in der geistigen Evolution des Menschen.

Ein mißglückter Mann

In der Sure 4,34 des Islam-Begründers Mohammed ist zu lesen: »Wenn ihr fürchtet, daß Frauen sich auflehnen, dann ermahnt sie, meidet sie im Ehebett und schlagt sie.« Albertus Magnus, der von 1200 bis 1280 lebte, Bischof und heiliggesprochener Kirchenlehrer, Mentor und Lehrer von Thomas von Aquin, sagte über die Frauen: »Die Frau ist ein mißglückter Mann und hat im Vergleich zum Mann eine defekte und fehlerhafte Natur.« Die Kirchenväter Origenes, Gregor von Nyssa, Johannes Chrysostomos, Ambrosius von Mailand, Hieronymus, Augustinus und andere Sexualexperten der Kirche äußerten sich in ähnlich absurder Form über die Frauen.

Diese Einstellung der Kirchenlehrer ist die Adaption einer Irrlehre, nämlich der Gnosis, die davon ausgeht, daß der Mensch in einen guten und einen schlechten Teil gespalten sei, in Geist und Körper. Im Lauf der Geschichte wurde die Frau das körperliche Symbol des Schlechten, des Bösen. Die Verfemung des Sexuellen, seine Isolierung von der Ganzheitsbetrachtung des Menschen, der psychosomatischen Einheit, die daraus resultierende Pönalisierung des Geschlechtsverkehrs und des Geschlechtlichen insgesamt haben Leid und Elend über die christliche Menschheit gebracht, vor allem über die Frauen. Während die evangelische Kirche diese Traditionen überwunden hat, blieb es in der katholischen Kirche bei Halbheiten.

Die Theologie des Leibes

Papst Johannes Paul II. hat in mehreren Ansprachen über die »Theologie des Leibes« versucht, mit dieser unheilvollen Theologie zu brechen: »Die Tatsache, daß die Theologie auch den Leib mit einbezieht, darf niemanden, der vom Geheimnis und der Wirklichkeit der Inkarnation weiß, verwundern oder überraschen. Dadurch, daß das Wort Fleisch geworden ist, ist der Leib (...) wie durch das Hauptportal in die Theologie eingetreten.« Aber bei genauem Hinsehen steht das positive Bild der körperlichen Liebe, das Johannes Paul II. gemalt hat, nach wie vor in der Tradition der von der katholischen Theologie übernommenen Irrlehre des Manichäismus. Körper und Sexualität werden nicht mit dem Bösen und Schlechten identifiziert, sondern die geschlechtliche Lust verdampft sozusagen in der Theologisierung des Geschlechtsakts, der Dualismus wird verdrängt, die körperliche Liebe vergeistigt und in Höhen geführt, in die der polnische Bauer nachts mit seiner Bäuerin im Bett nicht zu folgen vermag, geschweige denn der zwangsgetaufte Indio in Chichicastenango. Die Verantwortlichen der katholischen Kirche übersehen möglicherweise mangels eigener Praxis, daß nicht diese veredelte Sicht des elementarsten Vorgangs aller Lebewesen die Fortpflanzung garantiert, sondern die bis zur Ekstase steigerungsfähige Lust. Sie stellt für die meisten Menschen einen unschätzbaren Wert dar als höchste Ausdrucksform der Liebe, die unglaublich Spaß macht und ohne die die Menschen zur Fortpflanzung nicht bereit wären. In den möglicherweise Stunden andauernden Formen dieses Liebesakts fühlen sich viele in einer vollkommenen Liebesbeziehung wie im Paradies. Die Utopie des Glücks wird Realität. Sie haben den Ort des höchsten Glücks tatsächlich gefunden. Ihn gibt es in der menschlichen Liebe. Dieses Paradies dauert nicht lange, aber die Sehnsucht nach dem nächsten Mal, wenn die Menschen an diese Augenblicke des Glücks denken – »Verweile doch, du bist so schön« – ist bereits Teil einer Vorfreude, die in dieses Paradies führt. Die Theologie hat sich redlich bemüht, den Menschen auch dieses Paradies zu nehmen.

Sünden

Das »Dies irae« (»Tag des Zorns«) der alten Karfreitagsliturgie stammt aus dem 12. Jahrhundert, Verfasser unbekannt, und wurde später vor allem von den Franziskanern verbreitet, was einen verwundert, weil dieser Orden der katholischen Kirche, gegründet von dem fried- und tierliebenden Franziskus von Assisi, sich durch Menschenfreundlichkeit und nicht durch religiösen Psychoterror auszeichnet. In der Sequenz wird in grauenvollen Worten der Tagesablauf des Jüngsten Gerichts geschildert: Die Gräber öffnen sich, und alle werden zitternd vor den Thron gezwungen, auf dem der »Rex tremendae majestatis« (»Herr, des' Allmacht Schrecken zeuget«) sitzt, als Richter der gerechten Rache, vor dem der schuldige

Mensch um Gnade bettelt, um nicht mit den »confutatis maledictis« (»verworfenen Verdammten«) den beißenden Flammen übergeben und im ewigen Feuer verbrannt zu werden: »Zum Gericht der Mensch voll Sünden – laß ihn, Gott, Erbarmen finden.«

Diese Sequenz gehörte bis zum Zweiten Vatikanischen Konzil zur offiziellen Liturgie der römischen Totenmesse und gibt den Tenor wieder, der die vom Sündenwahn besessene katholische und evangelische Moraltheologie beherrscht. Vor einigen Jahren ist ein guter Bekannter aus der evangelischen Kirche ausgetreten, weil er es satt hatte, in Predigten, Gebeten und Liedern als ständig sündigender Mensch bezeichnet zu werden, obwohl er selbst bei strengster Gewissenserforschung nichts entdecken konnte, was er Tag für Tag moralisch falsch machte. Es ist in der Tat nicht vorstellbar, daß die große Masse der Bürger täglich betrügt, stiehlt, falsches Zeugnis ablegt, andere verprügelt, Leute umbringt, flucht und die Eltern mißachtet.

Frauenhandel und Beschneidung

Wirkliche Sünden begehen diejenigen, die die Verantwortung dafür tragen, daß hunderttausendfacher Menschenhandel mitten in Europa stattfindet, nämlich der Handel mit Frauen aus Osteuropa und Afrika. Diese zum Teil noch sehr jungen Frauen erleben mitten in Deutschland Schreckliches. Als Fremde, ohne Sprachkenntnisse, Geld und Informationen, mit falschen Versprechungen angeworben und häufig ohne gültige Papiere verschleppt, als Frauen abhängig und ausgeliefert an die Menschen, die sie nach Deutschland gelockt haben und sie sexuell ausbeuten. Sie werden gedemütigt und sind ohnmächtig gegenüber der unglaublichen Gewalt, den Machtgelüsten und der Gier nach ungewöhnlichen Sexualpraktiken, Geld, Alkohol und Drogen. Die Brutalität und menschenverachtende Gewalt der Täter scheint keine Grenzen zu kennen. Dies ergibt sich aus den Berichten der SOLWODI-Organisation (SOLidarity with WOmen in DIstress) mit ihrer Vorsitzenden, Schwester Lea Akkermann, einer der wenigen Vereinigungen, die sich um diesen Skandal mitten in Europa kümmern. Die Tätigkeit der Strafverfolgungsbehörden hält sich in Grenzen. Die Bekämpfung des Drogenhandels ist offensichtlich wichtiger als die strafrechtliche Verfolgung moderner Sklaverei von Frauen.

Dieser massenhaften und massiven Verletzung der Menschenrechte von Frauen ohne nennenswerte juristische Sanktionen entspricht in der moralischen Bewertung die Beschneidung von 100 Millionen Frauen auf dieser Erde.

Waris Dirie ist eines der schönsten Models der Welt und auf Mode-Events von Armani und Versace zu Hause, in Rom, Berlin, New York. Sie hat vor einigen Jahren einen Skandal verursacht, als sie bekannte, daß sie beschnitten ist. Man hat ihr mit fünf Jahren, wie Millionen anderen wehrlosen, schreienden, weinenden kleinen Mädchen, mit einer Rasierklinge die Schamlippen und die Klitoris abgeschnitten. Diese Genitalverstümmelung wird in Somalia, Ägypten, Nigeria, Indonesien, Malaysia, im Sudan und zwanzig weiteren afrikanischen und asiatischen Staaten mit Billigung der jeweiligen Regierungen praktiziert. Jedes Jahr kommen vier Millionen hinzu.

Das Verbrechen beschränkt sich nicht auf Asien und Afrika. In Deutschland sind es bereits 24 000 Opfer, und es gibt genug deutsche Ärzte, die sich an dieser Barbarei beteiligen. Genitalverstümmelung ist eine schwere Körperverletzung und müßte eigentlich von den Staatsanwaltschaften von Amts wegen verfolgt werden. Polizei und Staatsanwälte müssen endlich eingreifen und die Kultusminister Reihenuntersuchungen anordnen, um die Verstümmelung bei den Mädchen aufzudecken. Den Eltern muß klargemacht werden, daß hart bestraft wird, wer seine Kinder beschneiden läßt. Beschneidung von Frauen kann weder durch Religion noch durch Brauchtum entschuldigt werden, sondern ist brutaler Terror und darf auf der Erde nicht geduldet werden, wenn die Utopie der Befreiung der Frauen irgendwann einmal Realität werden soll.

Sirach und Augustinus

Die Theologie muß sich endlich befreien von dem Fluch des Propheten Sirach, durch die Frau sei die Sünde in die Welt gekommen, und sie muß sich lösen von der Kriminalisierung, welche die Frau durch die Kirchenväter erfahren hat als »Janua diaboli«, als »Einfallspforte des Teufels«, durch die der Mann in die Sündenfalle tappt.

Was Augustinus über die Frauen geschrieben hat, ist so schändlich, daß man ihm den Titel des Kirchenlehrers entziehen müßte. Es ist eine der großen Blasphemien der Religionsgeschichte, daß die Theologen Gott zur Begründung dieser Diskriminierung mißbrauchen. Sie befinden sich im absoluten Gegensatz zu Jesus, der ein Freund und

Anwalt der Frauen war. Sie haben seine menschen- und frauenfreundliche Lehre mit ihrer vom Sündenwahn beherrschten Moral ins Groteske verfälscht. Inquisition und Hexenverbrennung gehören der Geschichte an, aber bis auf den heutigen Tag dürfen in der katholischen Kirche Priester nicht heiraten und Frauen nicht Priester werden. Dieser institutionalisierte theologische Starrsinn ist ein hohes Hindernis auf dem Weg zu einer von Frauenfeindlichkeit befreiten Weltfriedensordnung.

Jesus und die Frauen

Jesus hatte nicht nur Jünger, sondern auch Jüngerinnen. Maria von Magdala besaß in der Gefolgschaft von Jesus eine herausragende Stellung. Er war bei seinen Wanderungen von Dorf zu Dorf nicht allein. Die zwölf Apostel begleiteten ihn und, wie Lukas berichtet, eine Gruppe von Frauen, von denen einige namentlich genannt werden: neben Maria von Magdala Johanna, die Frau des Chusa, eines Beamten des Herodes Antipas, und Susanna. Weitere Frauen heißen Maria (mehrere) und Salome. Martha und wiederum Maria hießen die Schwestern des Lazarus. Diese Frauen lebten offensichtlich in der Gemeinschaft mit Jesus während seiner zweieinhalbjährigen Tätigkeit in Galiläa und Judäa.

Diese Frauen tauchen in den Schriften immer wieder auf, und Maria von Magdala wird regelmäßig an erster Stelle genannt, so, wie Petrus immer an die Spitze der Männer gestellt wird, die Jesus begleiteten. Die Frauen blieben auch bei ihm, als er gefoltert und gekreuzigt wurde, wogegen von den Männern in den kritischen Stunden von der Verhaftung bis zur Kreuzigung nichts mehr zu hören und zu sehen war, mit Ausnahme der unrühmlichen Verleugnung des Petrus am Hof des Kaiphas, des Obersten Priesters. Die Männer hatten sich aus dem Staub gemacht und versteckten sich in einer Wohnung in Jerusalem. Die Frauen dagegen waren während der gesamten Leidensgeschichte präsent, ließen sich nicht einschüchtern, waren in der Nähe des Kreuzes und identifizierten sich durch ihre Anwesenheit mit dem als Verbrecher hingerichteten Jesus von Nazareth. Um so unverständlicher ist es, daß im Lauf der Kirchengeschichte den Frauen die Positionen genommen wurden, die sie bei Jesus unangefochten hatten, nämlich die der gleichberechtigten Freundschaft und Zugehörigkeit zu seinem Kreis.

Jesus vertrat die Gleichberechtigung von Frauen und Männern. Er kannte die Situation der Frauen in der patriarchalischen Gesellschaft, ihre Erniedrigung, Armut, Abhängigkeit und Not. Er wurde immer wieder konfrontiert mit ihren Sorgen in Ehe und Haushalt, mit ihrer Hilf- und Wehrlosigkeit als Opfer von Scheidungen oder als Witwen, mit ihrem Elend als Prostituierte und ihrer Verzweiflung als beschuldigte Ehebrecherinnen, und er hat ausnahmslos Partei für die Frauen ergriffen. Für ihn war die Ehe eine Partnerschaft zwischen Gleichgestellten. Er wollte mit seinem Verbot der Ehescheidung die patriarchalische Struktur der jüdischen Ehe aufheben.

Wenn aus der Utopie des ungeteilten Schutzes der Menschenwürde der Frau und der Gleichberechtigung Realität werden soll, müssen vor allem die Weltreligionen ihren Kurs radikal ändern und die Frauen diskriminierenden Bestimmungen und Praktiken beseitigen.

Die Prostituierte von Konstanz

An der Hafeneinfahrt in Konstanz steht eine neun Meter große Betonstatue. Es ist eine Frauenfigur, die sich frivol in den Himmel reckt und im weit geschlitzten Kleid die Arme hebt, auf deren Handflächen je ein kleines Männchen sitzt. Sie symbolisieren die kirchliche Macht mit Bischofsmütze und die weltliche Macht mit Krone. Man schaut der Statue von unten in den Schritt. Es handelt sich um die weltweit größte Statue einer Prostituierten. Sie soll daran erinnern, daß während des berühmten Konzils in Konstanz von 1414/18, auf dem Jan Hus und Hieronymus von Prag verurteilt und verbrannt wurden, Scharen von ihnen mit den Geistlichen und Fürsten angereist waren. In diesen Jahren, so wird übereinstimmend berichtet, seien sie die wahren Herrscherinnen der Stadt gewesen.

Aber die Prostitution ist eine Welt, ein Ort, den es nicht geben dürfte. Die Frauen üben sexuelle Macht aus, aber sie sind in einer Macho-Gesellschaft nur insoweit etwas wert, als sie einen Körper besitzen, auf den die Männer nicht verzichten können und wollen. Sie sind ein Bestandteil solcher Männergesellschaften. Ein unsicheres Schicksal erleiden viele Ehefrauen, obwohl deren Situation sich durch die politische Entwicklung und die moderne Gesetzgebung zumindest in einigen zivilisierten Ländern Europas und den Vereinigten Staaten verbessert hat. Aber sie sind, wenn nach einigen Jahren die emotionalen Beziehungen verkümmern, sie keinen Beruf finden und einen schlechten oder gar keinen Ehevertrag haben, Dienstmädchen zum Nulltarif und Sexobjekte ihrer Ehemänner. Die Ehe wird dann zu einer Institution, in der die soziale Kontrolle, vor allem über die Frauen, aber umgekehrt auch über die Männer, ausgeübt wird, zu einem Gefängnis und zu einem Ort vielfältigen Unglücks. Solange Kinder da sind, berechtigt die Verkümmerung der Emotionalität nicht die Ehescheidung. Minderjährige können die Trennung ihrer Eltern nur schwer verkraften und erleiden in aller Regel mehr oder minder schwere psychische Schäden.

Zentraler Punkt der Gleichberechtigung ist die berufliche Gleichstellung der Ehepartner. Um berufliche Nachteile für die Frauen zu vermeiden, muß zwischen den Partnern auch die Erziehung der Kinder zu gleichen Teilen getragen werden. Nur wenn die Frau eine Berufsausbildung und dadurch die Möglichkeit einer eigenständigen beruflichen Position bekommt, ist die Unabhängigkeit der Ehepartner voneinander gewährleistet. Das Problem besteht darin, daß die gesellschaftliche Wirklichkeit einem solchen Idealbild, einem solchen Ort, wie er sein müßte, weitgehend noch nicht entspricht. Es ist aber möglich, vor allem wenn die politischen Voraussetzungen geschaffen werden, wie dies in der Gesetzgebung der letzten Jahre geschehen ist, indem die Anerkennung von Erziehungszeiten in der Rentenversicherung ausgedehnt, die Kindertagesstätten ausgebaut und die Elternzeit erweitert wurde. Diese Entwicklung ist aber noch nicht abgeschlossen und gehört zu den wichtigsten gesellschaftspolitischen Aufgaben, bis die Situation erreicht ist, wie sie eigentlich sein müßte, bis die Utopie Realität wird.

*Die Geschichte der Mukhtar Mai
hat eine Fortsetzung*

Nach ihrer Vergewaltigung resignierte Mukhtar Mai nicht wie die meisten ihrer Geschlechts- und Leidensgenossinnen, sondern ging zur Polizei. Ein in der pakistanischen Männerwelt bis dahin unerhörter Vorgang. Nach langem Kampf bekam sie recht und 8000 US-Dollar als Wiedergutmachung vom Staat. Ihr Fall ging um die ganze Welt. Die Männer, die sie mißbraucht hatten, erhielten hohe Strafen. Die preisgekrönte Autorin sagt: Wenn eine Frau aus armen Verhältnissen wie ich sich auflehnen kann, dann kann es jede Frau in Pakistan schaffen. Der Menschenrechtler Zia ur-Rahman sagt: Ihr Mut, ihre Unerschrockenheit sind in Pakistan zu einem Symbol geworden. Frauen wie sie oder Waris Dirie sind wie andere mutige Frauen Hoffnungsträgerinnen für Hunderte Millionen von Frauen, die auf der Welt nach wie vor gefoltert, gepeinigt, vergewaltigt werden, ohne daß ihnen Gerechtigkeit widerfährt. Die Hoffnung kann aber nur zur Realität werden, die Utopie nur zur Wirklichkeit, wenn die Politik weltweit politische Konsequenzen zieht gegenüber den Staaten, in denen, aus welchen Gründen auch immer, die Menschenrechte verletzt werden, wenn die Kirchen die in ihrem Bereich noch vorhandenen Diskriminierungen beseitigen und wenn die zivilisierten Länder im Kampf gegen die Frauenunterdrückung sichtbare Zeichen setzen. Dazu gehört zum Beispiel, daß das Internationale Olympische Komitee (IOC) in der Zukunft – so, wie es der Charta des IOC entspricht – Länder von der Teilnahme an Olympischen Spielen ausschließt, in denen Frauenrechte verletzt werden. Geschlechterapartheid, das heißt auch Ausschluß von Frauen von sportlichen Aktivitäten, kann nicht anders bewertet werden als Rassenapartheid, wegen der Südafrika jahrzehntelang nicht an Olympischen Spielen teilnehmen durfte.

Die Utopie einer multikulturellen Gesellschaft

Clash of Civilizations?

Wer den Clash of Civilizations, den der US-Politologe Samuel Phillips Huntington vorausgesagt hat, vermeiden will, muß ja sagen zu einer richtig verstandenen multikulturellen Gesellschaft. Was sind ihre Voraussetzungen? Die erste ist eine klare Absage an den islamischen Fundamentalismus. Er – nicht der Islam insgesamt – will die Reinigung der Welt von allen angeblich islamfeindlichen Elementen, also vom Atheismus, vom westlichen Schulwesen und Rechtssystem, von der Frauenemanzipation, von westlicher Kleidung und westlichem Fernsehen. Ein einheitlicher islamischer Staat auf dem Fundament von Koran, Tradition und Scharia ist das zweite Ziel. Ein Staat, in dem der Islam auch das Private, das Gesellschaftliche und das Staatliche umfaßt: Familie und Kultur, Volk und Regierung, Religion und Staat sind eine Einheit. Diese Ziele verfolgt der Islamismus in einem fortdauernden Kampf, der auch die Anwendung von Waffengewalt einschließt. Die Gotteskrieger begegnen uns inzwischen auf der ganzen Erde, auch in Deutschland.

Die islamische Welt ist jedoch weder geistig noch politisch eine Einheit. Es wird darauf ankommen, die gemäßigten und zum Dialog bereiten Kräfte zu stärken. Das beste Mittel gegen die Feinde des freien Denkens ist das freie Denken selbst. Eine Hauptursache des Terrorismus, die Armut auf dieser Erde, die in den Augen vieler Menschen auf anderen Kontinenten die Folge eines westlichen politischen und ökonomischen Imperialismus ist, muß durch eine neue Weltwirtschaftsordnung beseitigt werden. Wir brauchen eine geistige Offensive für Menschenrechte und Freiheit in allen Teilen dieser Erde. Daß Gedanken und Ideen ansteckend sind, haben die Ajatollahs mit ihren Predigten selbst bewiesen. Warum sollten die Ideale der Freiheit und der Demokratie nicht genauso eine ansteckende Kraft bei den Völkern des Nahen und Mittleren Ostens und bei unseren eigenen muslimischen Landsleuten entfalten können, wenn wir sie nicht selbst diskreditieren?

Die zweite Voraussetzung besteht darin, daß wir mit dem Begriff »Leitkultur« nicht ebenfalls fundamentalistische Ideen verbinden. Die Idee einer »deutschen Leitkultur« versetzt schon einen Pfälzer oder Badener in Angst und Schrecken. Wenn aber mit Leitkultur gemeint ist, daß das Bürgersein in diesem Land von der Zustimmung zu seiner Verfassung abhängt, dann ist »Verfassungspatriotismus« der richtige Begriff. Die Bindung an die Verfassung gilt für alle, unabhängig von der Zugehörigkeit zu einer religiösen und kulturellen Gemeinschaft. Die Gleichberechtigung der Frau sowie die Religions- und Glaubensfreiheit können nicht in Frage gestellt werden. Die Koranschule darf ebensowenig wie der fundamentalistische Religionsunterricht einer christlichen Sekte an die Stelle des öffentlich-rechtlichen Schulwesens treten. Ein Muslim in Bottrop darf auf dem Weg des Familiennachzugs keinen Harem aufmachen. Die Beschneidung von Frauen bleibt, auch wenn sie theologisch begründet wird, schwere Körperverletzung und ein Verstoß gegen Artikel 2 des Grundgesetzes. Religionsfreiheit berechtigt zwar alle zu glauben, was sie wollen, aber nicht, die Menschenrechte anderer Menschen zu verletzen, vor allem wenn sie abhängig sind, und zu verhindern, daß Familienmitglieder Deutsch lernen.

Die schwäbische Kehrwoche ist dem Saarländer genauso fremd wie der oberbayerische Schuhplattler den Brandenburgern in Kyritz an der Knatter. Natürlich darf der Muezzin in Mannheim genauso vom Minarett seine Gebete sprechen wie der Mesner in Speyer seine Glocken läuten darf. Daß wir uns in Deutschland kulturell an Goethe, Schiller, Mozart, Kant und Beethoven orientieren, kann auch ein Türke akzeptieren. Es bleibt ihm unbenommen, die religiöse Poesie des Islam, die islamische Mystik im Sufismus für faszinierender zu halten als die westliche Literatur. Das ist multikulturelle Gesellschaft, und zu ihr gibt es keine menschenwürdige Alternative.

Religions- und Pressefreiheit

Zum Verfassungspatriotismus gehören aber auch die Grundsätze des demokratischen Rechtsstaats, vor allem die Pressefreiheit. Hier darf es keine Kompromisse geben wie bei den Auseinandersetzungen um die Mohammed-Karikaturen.

Mohammed ist den Muslimen heilig, Jesus den Christen. Darf jetzt Mohammed zum Beispiel nicht mehr kritisiert werden, weil er in der Sure 4,34 die Männer auffordert, ihre ungehorsamen Frauen zu schlagen? Von Jesus sind zwar ähnliche Gebote nicht bekannt – im Gegenteil –, aber Tierschützer und Landwirte haben auch schon Anstoß daran genommen, daß er angeblich »unreine Geister« in eine Schweineherde fahren ließ, die sich dann kopfüber in den See Genezareth stürzte und dort ertrank. Vor Jahren wurde in einem Theaterstück ein gekreuzigter Esel gezeigt. Und Nationalfahnen, die für viele ein Heiligtum sind, werden ständig vor laufenden Kameras geschändet und verbrannt.

Aber wenn religiöse und nationale Gefühle verletzt werden, dürfen dann die Häuser Andersdenkender angezündet und Ungläubige totgeschlagen werden? Das Verbot, Mohammed bildlich darzustellen, kann doch nur für Muslime gelten und nicht für die ganze Welt. Und die Muslime sollten einmal überlegen, warum wohl in einer Karikatur der Kopf des Propheten als Bombe mit einer Zündschnur gezeigt wird, wenn die muslimischen Selbstmordattentäter in Palästina, Irak und Afghanistan Hunderte von unschuldigen Menschen in den Tod reißen und sich dabei ausdrücklich auf den Propheten berufen. Die islamische Welt ehrt diese Verbrecher als Blutzeugen und Märtyrer, die anschließend im Paradies gekrönt werden. Daß muslimische Theologen und Rechtsgelehrte dies zulassen, ist die eigentliche Beleidigung des Propheten, der das Töten von Frauen und Kindern selbst im Dschihad, dem Heiligen Krieg, verboten hat. Religion und ihre Vertreter müssen auch in Zukunft kritisiert werden dürfen. Sonst triumphiert der religiöse Fanatismus, der auf der Welt schon genügend Unheil angerichtet hat.

Nicht in die Knie gehen

Seit den muslimischen Massenprotesten gegen die Mohammed-Karikaturen in einer dänischen Zeitung haben die Mullahs die westlichen Demokratien das Fürchten gelehrt. Anstatt die Meinungs- und Kunstfreiheit zu schützen, gehen immer mehr Institutionen, Journalisten und Politiker in vorauseilendem Gehorsam vor der Gewalt in die Knie. Die Erzeugung von Angst ist ein wirksames Mittel, um in einer Gesellschaft illegale und totalitäre Ziele durchzusetzen. Das kennen wir aus unserer eigenen Geschichte. »Bestrafe einen, erziehe hundert«, hatten die Stasi-Leute von Mao gelernt. Hat Osama bin Laden vielleicht doch recht, wenn er die Europäer »einen Haufen korrupter Angsthasen« nennt?

Moscheen und Kirchen

Die Demokratie verlangt, daß die Religionsausübung frei ist. Vor einigen Jahren war ich mit Norbert Blüm und Rupert Neudeck im Sudan. In El Obeid gibt es einen katholischen Bischof und eine katholische Kirche. Sie ist umgeben von vier Moscheen, und beim sonntäglichen Gottesdienst des Bischofs werden die Lautsprecher auf den Minaretten so laut aufgedreht, daß man in der Kirche kein Wort mehr verstehen kann. In Mannheim und Berlin wollen Politiker und Einwohner nicht die Glocken läuten lassen, um die Gebete zu Allah zu übertönen, sondern sie wollen verhindern, daß Moscheen überhaupt gebaut werden, obwohl es sich um friedliche muslimische Gemeinden handelt, was sogar der Verfassungsschutz bestätigt. Viele wollen einfach kein Minarett sehen, obwohl sie selbst gar nicht in die Kirche gehen.

Wo leben wir eigentlich? Liegen Mannheim und Berlin am Nil oder an Neckar und Spree? Dürfen nur Christen Gotteshäuser haben? Wollen wir uns so benehmen wie die arabischen Ajatollahs in Afrika? Es scheint so, als hätten einige hierzulande einen Sonnenstich bekommen. Wir könnten uns vielleicht mal darüber freuen, daß es Religionsgemeinschaften gibt, die, statt Kirchen zu schließen, neue bauen wollen. Bei der Einweihung der ersten Moschee in Paris 1926 sagte der Marschall Lyautey: »Die Türme von Notre Dame werden nicht traurig sein, wenn nun ein weiterer Turm Gebete zum Himmel schickt.«

Orte, die es nicht mehr geben darf

Ich bin geboren am 3. März 1930, nach Auskunft meiner Eltern und erweislich des Kalenders an einem Rosenmontag, und dies nicht in einem Krankenhaus, sondern im Schlafzimmer meiner Eltern in der Mauserstraße 30 in Oberndorf am Neckar unter Assistenz der Hebamme Rosa Schättle. Der zuständige Hausarzt, Dr. Bertscher, kam zu spät, was jedoch der glücklichen Geburt keinen Abbruch tat, und wollte mich dann gleich adoptieren. Dieser Anschlag auf mein Leben, dem weitere folgen sollten, scheiterte glücklicherweise am entschiedenen Widerstand meiner Mutter, nachdem die beiden Kegelbrüder Bertscher und Vater Geißler sich schon prinzipiell über den Handel geeinigt hatten. Das Geburtsdatum konnte man als Schnapszahl gelten lassen und verhalf mir später zu interessanten Autonummernschildern wie zum Beispiel SÜW-HG 330. Eleganter wäre natürlich die Zahl 333 gewesen, ich war aber mein Leben lang dankbar dafür, daß ich nicht drei Jahre später, im Jahr der Machtübertragung an Hitler, geboren wurde. So entging ich dummen Anmutungen in der Schule und auf Behörden, denen Schulkameraden des Jahrgangs 1933 öfter mal ausgesetzt waren.

Zwei Tage vor diesem Rosenmontag war der wahrscheinlich von Kommunisten ermordete Hilfsarbeiter und SA-Sturmführer Horst Wessel, dem seinerseits vorgeworfen wurde, an einem Mord an einem Kommunisten beteiligt gewesen zu sein, nach einer blutigen Prügelei zwischen SA und Rotfrontkämpfern auf dem Berliner Nikolai-Friedhof beerdigt worden. Zwölf Jahre lang, von 1933 bis 1945, wurde hochoffiziell nach der deutschen Nationalhymne das Horst-Wessel-Lied gesungen: »Die Fahne hoch, die Reihen fest geschlossen, SA marschiert mit ruhig festem Schritt«, eine Kulturschande nach der Haydn-Hymne, Vorbote des unglaublichsten Kulturbruchs der Menschheitsgeschichte, der sich auf deutschem Boden ereignen sollte: Gut hundert Jahre nach Goethes Tod wurde das Konzentrationslager Buchenwald am Rand von Weimar, einem Zentrum der westlichen Humanität und heute UNESCO-Weltkulturerbe, fast auf Sichtweite von Goethes und Schillers Wohnhäusern errichtet. Massenmorde hat es vorher und nachher auf der ganzen Welt gegeben. Aber die Nationalsozialisten haben ihre Verbrechen auf dem Boden der europäischen Hochkultur begangen, und niemand in Deutschland hat sie daran gehindert. Warum?

Krebskrankheit Nationalismus

Auf die Frage »Wo sind Sie geboren« nennen die meisten eine Stadt oder ein Land, Frankfurt am Main, Bayern, oder sie sagen: Ich bin ein Sachse, ein Thüringer oder ein Magdeburger. Ich gab, vor allem in Berlin, gern die provozierende Antwort: »Ich bin ein geborener Vorderösterreicher.« Selbst die Angehörigen der österreichischen Botschaft in Berlin hatten keine Ahnung, wo sich dieses geheimnisvolle Land befindet. Bis 1805 gehörte das Gebiet zwischen Bregenz und Freiburg im Breisgau, Ulm und Konstanz zu Österreich und nannte sich Vorderösterreich. Napoleon hat es dann samt Reichsstädten und Klöstern unter dem Markgrafen von Baden und den Herzögen von Württemberg und Bayern aufgeteilt, die durch diesen Landraub mit Hilfe der Besatzungsmacht zum Großherzog und zu Königen aufstiegen.

Mit der Zerschlagung des Heiligen Römischen Reichs Deutscher Nation begann die Krebskrankheit der deutschen Geschichte, der Nationalismus. Der alte Reichsgedanke war weltoffen, christlich und völkerumfassend. Nur in kurzen Zeiträumen konnte die Wirklichkeit diesem Gedanken entsprechen. Das erste Reich hat Napoleon ausgelöscht. Das zweite Reich, der Bismarck-Staat, war von Anfang an eine Mißgeburt als kleindeutsche Lösung in der Mitte Europas. Es lebte nur 47 Jahre. Und das dritte Reich endete als konsequente Fortsetzung der nationalistischen und militaristischen Entwicklung des zweiten in einer verbrecherischen Katastrophe.

Die Siegessäule

Wenn man in meiner Heimat sein Auto zwischen Edesheim und Hainfeld am Straßenrand parkt und die Straßenböschung hinaufgeht, kann man im Nordosten die Türme des Speyerer Doms sehen, in dem acht deutsche Kaiser und Könige und eine Kaiserin begraben sind, im Nordwesten das Hambacher Schloß, die Wiege der bürgerlichen Revolution in Deutschland, und im Südwesten die Reichsfeste Trifels, in der in der Stauferzeit die Reichskleinodien aufbewahrt wurden, die jetzt in der Schatzkammer der Wiener Hofburg liegen. Jedes dieser drei geschichtlichen Monumente hat mit der deutschen

Geschichte hundertmal mehr zu tun als eines der dümmsten Denkmale Deutschlands, die Siegessäule in Berlin. Sie soll an die Siege Preußens in den Kriegen 1864 bis 1871 gegen die Dänen, Franzosen und die Deutschen in Österreich, Württemberg, Baden, Hessen und Bayern erinnern. Eingelassen in die Säule sind vergoldete Kanonenrohre der Schlachten, in den Reliefmosaiken des Untergeschosses schlitzen Ulanen die Bäuche von Husaren mit dem Bajonett auf, so daß die Därme herausquellen, wobei einige noch lachen.

Wer immer in der deutschen Regierung den gigantischen Auftritt des amerikanischen Präsidentschaftskandidaten Barack Obama vom Brandenburger Tor zur Siegessäule verlegt hat, hat von der deutschen Geschichte und ihrer Tragik nicht viel verstanden. Der 68er-Revolte ist es leider nicht gelungen, die Säule in die Luft zu sprengen.

Germanische Prototypen

Wie sehr das wilhelminische Preußen den Geist Deutschlands verdarb, ergibt sich aus dem Vergleich mit Frankreich, dem 1871 besiegten Land, das aber die Ideale der Aufklärung zu bewahren wußte. Deutschland war zwar die Wiege der Reformation gewesen, und seine großen Denker hatten in Literatur und Musik die Gedanken der Aufklärung besungen, aber anders als in Frankreich erstickten Nationalismus und Militarismus die politische Konsequenz der Aufklärung, die Demokratie. Daß die geistige Elite Deutschlands sich wie in Frankreich an die Seite eines verfolgten Juden gegen das Militär gestellt und durchgesetzt hätte, wäre in Preußen-Deutschland undenkbar gewesen. Heinrich Mann schrieb 1904, als er noch einen klaren Kopf hatte, an Ludwig Ewers: »Die deutsche Militärjustiz hätte zehnmal Gelegenheit gegeben zu einer Dreyfus-Affäre, aber die idealistische Kraft, die ein Volk oder doch die Besseren aufbringt gegen die dumme Brutalität der Machthaber, die fehlt in diesem Lande. Die Franzosen haben sie.« Der nationale Wahn und das geschichtliche Defizit an Demokratie waren der Nährboden für den zweiten Totalitarismus des 20. Jahrhunderts, den Nationalsozialismus.

Die Deutschen seien in ihrer Mehrheit keine Rassisten. Aber sie seien Nationalisten, und mit dem Nationalismus habe Hitler sie verführt, sagt Dieter Oberndörfer, der langjährige Leiter des Arnold-Bergstraesser-Instituts in Freiburg (Breisgau). Dabei muß man sich heute noch wundern, von welchen germanischen Prototypen sich die Deutschen verführen ließen: Hitler, Himmler und Goebbels oder von Hermann Göring, der es fertigbrachte, mit seinem dicken Hintern den Kaiserstuhl Karls des Großen im Aachener Dom zu entweihen.

Rechtsradikalismus

Der größte Wahnsinn, der je ein Volk befallen hat, war der Nationalsozialismus, was ich früh genug erfahren sollte. Nicht der Kommunismus, denn der hatte einen ethischen Ansatz. Die Kommunisten wollten die Lebensbedingungen der Menschen verbessern. Als sie 1917 aber die Macht ergriffen, zerschellte ihr Konzept an der Wirklichkeit, mit Millionen von Toten.

Die Nationalsozialisten dagegen waren von Grund auf

verdorben, ohne eine Spur von Humanismus, sie waren gleichermaßen Nationalisten und Rassisten. Mein Vater war Ende der Weimarer Republik Vorsitzender der Zentrumsfraktion im Gemeinderat von Oberndorf. Es gab auch einen kommunistischen Abgeordneten, er hieß Erich Wurster. Man traf sich zur Absprache der gemeinsamen Strategie gegen die NSDAP in der Pinkelpause im Hof des Gasthauses »Bären«, und als eines Tages die SA die Sitzung stürmte, wurden beide krankenhausreif geschlagen und die Wirtshaustreppe hinuntergeworfen.

Die Fronten innerhalb des katholischen Zentrums waren klar. Je weiter unten in der Parteihierarchie, desto widerständiger waren die Mitglieder gegen die Nazis. Die Parteispitze dagegen lavierte. Es war wie in der katholischen Kirche, wo die Dorf- und Stadtpfarrer die Widerständler waren, die Bischöfe jedoch, mit wenigen Ausnahmen, glaubten, sich anpassen zu müssen.

In dieser Atmosphäre bin ich groß geworden, sie hielt die ganze NS-Zeit über an. Der Vater, Beamter des gehobenen Dienstes im Vermessungswesen, wurde, bis er sich 1940 freiwillig zur Wehrmacht meldete, schikaniert, überwacht, eingesperrt, strafversetzt. Das habe ich alles als kleiner Junge mitbekommen. Gegen meine Mutter wurde eines Tages ein Strafverfahren wegen schwerer Körperverletzung eröffnet, weil sie einen NSDAP-Ortsgruppenleiter, der in unsere Wohnung eindringen wollte, von einem Treppenabsatz hinuntergestoßen hatte. Unsere geliebte Mutter im Gefängnis – diese Vorstellung stürzte die fünf Kinder in tiefste Verzweiflung und helle Aufregung. Das Verfahren wurde dann von der Staatsanwaltschaft eingestellt. 1935 war noch nicht alles gleichgeschaltet.

Ein anderes Ereignis hatte mich tief beeindruckt und bis in meine Zeit als Bundesminister nicht mehr losgelassen. Es ging um besagten Spielkameraden Kajetan Reinhard, den ich als Fünfjähriger hatte. Wir wohnten damals in Ravensburg am südlichen Stadtrand, und mein Freund hatte sein Zuhause ein paar hundert Meter von unserer Wohnung entfernt. Wir waren fünf Jahre alt und unzertrennlich beim täglichen Spiel im Binsendickicht und den Sandlöchern des Schussentals. Manchmal kamen seine drei Schwestern dazu, dunkelhäutige Mädchen mit braunen Augen und pechschwarzen langen Haaren. Sie hatten eine laute, freundliche und unglaublich dicke Mutter und einen respekteinflößenden Vater, dem sie aufs Wort gehorchten. Oft holte mich Kajetan morgens ab, und ich kam erst spät am Nachmittag nach Hause. Zu essen bekamen wir bei seiner Mutter. Bei der Einschulung heulte und tobte ich, bis ich mit ihm zusammen auf einer Schulbank sitzen durfte.

1938 war er plötzlich verschwunden. Meine Eltern waren bedrückt und gaben ausweichende Antworten; ich lief hinaus zu den Weiden, wo die Reinhards ihren großen farbigen Wagen stehen hatten. Außer ein paar Spuren im Sand war nichts mehr zu sehen. Kajetan war ein Zigeuner, man sagte damals nicht »Sinti« oder »Roma«.

1985, als ich als Bundesminister auch für diese Bevölkerungsgruppe zuständig war, ließ ich nach ihm suchen. Er hatte Birkenau überlebt. Ich traf ihn 1988 wieder bei einer Messe im Speyerer Dom, die der dortige Bischof mit ein paar tausend Sinti und Roma feierte. Ich erfuhr von ihm, daß seine schönen Schwestern und die Eltern in Auschwitz umgebracht wurden.

Ich verlor Kajetan genauso wie später meine langjährige Klavierlehrerin Judith Holz. Beide Fälle passierten sozusagen nicht in der Öffentlichkeit. Ganz anders als das, was ich in Spaichingen erlebte, wo wir am Ende des Kriegs wohnten. Dort wurden Häftlinge des örtlichen Außenlagers des KZ Schömberg (das wiederum zum KZ Natzweiler-Struthof gehörte) in einer Strafaktion mitten im Winter nackt an Pfähle gefesselt und mit Wasser übergossen. Bevor sie erfroren waren, hörte man eine Stunde lang ihre furchtbaren Schreie, und die ganze Stadt flüsterte noch tagelang hinter vorgehaltener Hand über dieses Verbrechen.

Ich war mit 15 Jahren vom Nationalsozialismus restlos bedient, und meine für manche auch in der CDU hypersensible Abwehrhaltung gegen alles Rechtsradikale hat hier ihren Ursprung.

Antisemitismus

Wenn jemand vor achtzig Jahren gesagt hätte, man könne zwischen dem Elsaß und der Südpfalz, zwischen Weißenburg und Schweigen-Rechtenbach über die Grenze gehen, ohne kontrolliert zu werden, oder die deutsche und die französische Polizei führten gemeinsam Verkehrskontrollen durch und klärten zusammen Verbrechen auf, dann hätte man ihn verhaftet oder für verrückt erklärt und in die Irrenanstalt Klingenmünster eingeliefert. Diese Vorstellung war im besten Sinn des Worts total utopisch. Diesen Ort, wo so etwas stattfinden konnte, gab es nicht und konnte es nach damaliger Auffassung auch nie geben. Deutsche und Franzosen waren Erbfeinde.

Heute ist Europa und auch die deutsch-französische

Freundschaft längst Realität. Beide Länder haben eine gemeinsame Währung und in wichtigen Fragen auch eine gemeinsame Politik, und es gibt sogar eine Deutsch-Französische Brigade.

Auch in Erinnerung an meine ins KZ deportierte Klavierlehrerin drängt sich mir immer wieder die Frage auf, warum das Verhältnis zwischen anderen Völkern und Gruppen – zum Beispiel zwischen Europäern, Juden und Muslimen – nicht in gleicher Weise verbessert und in Freundschaft umgewandelt werden kann, wie es zwischen Deutschen und Franzosen geschehen ist. Daß ein katholischer Bischof der Piusbruderschaft den Holocaust geleugnet hat, war ein Skandal. Nach dem Mord an den europäischen Juden war die Hoffnung aufgeblüht, daß die 2000jährige Verfolgung dieser Menschen beendet sei. Dies ist aber leider nicht der Fall. Genährt durch die militärischen Vergeltungsschläge der Israelis bei ihrer Verteidigung gegen Selbstmordattentäter und Raketenangriffe der islamischen Fundamentalisten, brechen Vorurteile und Haß auf die Juden wie eine Eiterbeule immer wieder auf. Nach wie vor werden jüdische Friedhöfe geschändet, antijüdische Ressentiments bleiben in mehr oder weniger versteckter Form lebendig. Der Antisemitismus scheint eine unausrottbare Geisteskrankheit zu sein, von der Christen und Nichtchristen, kirchliche Würdenträger und Ajatollahs befallen sind. Die Ursache dieser Geisteskrankheit ist eine gigantische Geschichtsfälschung, die seit 2000 Jahren verbreitet wird: Jesus – für die Christen Gottes Sohn, für die Muslime einer der großen Propheten – sei von den Juden ermordet worden. Diese Lüge hat sich durch jahrhundertelange Propaganda offenbar genetisch in den Köpfen der Menschen festgesetzt.

Die Lüge vom Gottesmord

Die Verfasser der Bibel haben diese Lüge siebzig Jahre nach dem Tod von Jesus verbreitet, um vergessen zu machen, daß in Wirklichkeit die Römer ihn als politischen Aufrührer (zu Unrecht) hingerichtet hatten. Alle vier Evangelisten unternehmen in ihren Berichten den Versuch, den Juden die Schuld am Tod von Jesus in die Schuhe zu schieben, um den römischen Präfekten Pontius Pilatus zu entlasten. Der Grund: Die Botschaft eines jüdischen Messias zu predigen, der als Umstürzler ans Kreuz genagelt worden war, hätte die junge christliche Gemeinde im Römischen Reich, vor allem in der Hauptstadt, wo sie sich auszubreiten begann, existentiell gefährdet. Eine taktische Lüge mit Folgen.

Die Verfasser der Evangelien, Matthäus, Markus, Lukas und Johannes, haben Jesus nicht persönlich gekannt. Die jesuanische Botschaft wurde, wie andere Lehren auch im Altertum, bis ins Mittelalter hinein mündlich weitergegeben. Die vier Männer faßten die Berichte, die ihnen zugänglich waren, zusammen. Man könnte sie auch Schlußredakteure von Schriften nennen, deren Inhalt aus verschiedenen Quellen stammte. Die Endredaktion erfolgte, nachdem Jerusalem im Jahr 70 zerstört, der jüdische Tempel abgebrannt, das Judenvolk besiegt und als aufrührerische Minderheit, ständiger Unruheherd und revolutionäre Zelle im Kaiserreich angeprangert und verpönt war. Die Bibelredakteure versuchten dieser veränderten Situation journalistisch gerecht zu werden. Die christliche Gemeinde in Rom, ohnehin gefährdet, durfte nicht aufs Spiel gesetzt werden.

Die politische Notlüge aber war seitdem nicht mehr

aus der Welt zu schaffen, selbst als das Christentum in Rom Staatsreligion geworden war. Weiterhin wurde behauptet und von höchsten Autoritäten der Christen und Nichtchristen gepredigt, daß das jüdische Volk die Schuld an der Kreuzigung trage. Bis heute gelten die Juden vielen als Gottesmörder und dient dieser Vorwurf als Rechtfertigung für ihre Verfolgung.

Die Römer haben den Mann aus Nazareth getötet. Allerdings nicht ohne Zutun der 34 mit ihnen verbündeten jüdischen Familien der Oberschicht, den Sadduzäern. Dies hätten die Historiker und Theologen von Anfang an wissen können, der Fall war schon damals sonnenklar. Es waren römische Soldaten, die Jesus verhafteten. Es war römisches Recht – die »Lex julia majestatis« –, das im Verfahren gegen Jesus angewendet wurde. Nur der römische Präfekt besaß das Recht, jemanden zum Tod zu verurteilen. Die brutale Hinrichtungsart der Kreuzigung war römisch und dem jüdischen Strafrecht völlig unbekannt. Es waren römische Soldaten, die Jesus auspeitschten, ihn anspien, demütigten und als dornengekrönten Judenkönig verhöhnten. Und er wurde an ein römisches Kreuz genagelt.

Man schätzt, daß in Europa in den Jahren zwischen der Geburt des Juden Jeshua Ben Joseph, genannt Jesus, und dem Zweiten Weltkrieg ungefähr sieben Millionen Juden umgebracht worden sind, die sechs Millionen, die von den Nazis ermordet wurden, kommen noch hinzu. Die katholische Kirche hat auf ihrem Zweiten Vatikanischen Konzil die Gottesmordthese widerlegt und zurückgewiesen. Papst Johannes Paul II. hat das jüdische Volk um Verzeihung gebeten. Aber dies kann das nicht wiedergutmachen, was beide christlichen Kirchen an

Perversitäten über die Juden ausgeschüttet haben. Pogrome, Vertreibungen, Entrechtung, Beraubung und Mord: Das Schicksal der Juden in Europa und in Teilen Asiens gehört zu den traurigsten und schauerlichsten Kapiteln in der Geschichte der Menschheit.

Nur vor diesem Hintergrund ist der radikale Kampf der israelischen Juden um einen gesicherten unabhängigen Staat zu verstehen. Das Existenzrecht Israels wird seit seiner Gründung in der arabischen Welt angefochten, und Israel wäre ohne Hilfe der USA längst untergegangen. Es ist ein Treppenwitz der Geschichte, daß reiche und mächtige Staaten wie Saudi-Arabien zu den engsten Verbündeten der USA zählen und gleichzeitig den »Heiligen Krieg« gegen Israel erklärt haben. Die Saudis bezahlen radikale Islamisten – darunter solche, die friedensbereite Araber wie Anwar as-Sadat ermordeten, und jene, die die Kerosinbomben in das World Trade Center flogen.

Die Utopie einer rechtsstaatlichen Parteiendemokratie

Die SPD: Prototyp des Problems

Der Zerfall der SPD hat sich mit der Abwahl von Kurt Beck und der Wahl von Franz Müntefering zum Parteivorsitzenden und Frank-Walter Steinmeier zum Kanzlerkandidaten verlangsamt, beendet ist er nicht. Er begann bereits in der letzten Legislaturperiode. Der katholische Dichter und Frauenverächter Georges Bernanos schreibt in der Einleitung zu seinem Roman »Die Sonne Satans«, »die Frau ist ein Versprechen, das nicht gehalten werden kann«. Er vertrat mit dieser Auffassung eher eine Minderheit der menschlichen Gesellschaft. Übertragen auf die Politik erkannte die Wählerschaft spätestens bei der Bundestagswahl 2005, daß Rot-Grün ein Versprechen war, das von Anfang an nicht gehalten werden konnte. Nicht daß Pleiten, Pech und Pannen ab 1998, gemessen am Maß früherer Legislaturperioden, besonders zahlreich gewesen wären – das könnte man für jene Zeit höchstens von der spendenskandalgeschüttelten CDU sagen –, aber in dem rot-grünen Bündnis war von Anfang an der Wurm drin, genauer gesagt, der Wurm saß in der SPD.

Es war ein ideologischer Wurm, der zwar nicht verhindern konnte, daß die Koalition auch Erfolge erzielte, vor allem in der Außen- und Verteidigungspolitik, der aber, von Gerhard Schröder höchstpersönlich implantiert, in der SPD so heftig bohrte, daß sie eine Kolik bekam. Nach der Bundestagswahl 1998 kam man aus dem Staunen nicht heraus. Die Reformpolitik der alten Koalition (Rentenreform mit Demographiefaktor, Steuerreform, Kürzung der Lohnfortzahlung, Reduzierung des Kündigungsschutzes, Post- und Bahnreform) hatten die Sozialdemokraten im Wahlkampf zur Zielscheibe einer massiven und effektiven Kampagne (»Gegen Demontage des Sozialstaats!«) gemacht. Doch nach der Wahl entdeckte die SPD-Führung plötzlich etwas ganz Schlimmes: den »Rundum-Sorglos-Staat« (Kanzleramtsminister Bodo Hombach). Dieses bis dahin unbekannte gräßliche Gebilde sollte schnellstmöglich ersetzt werden durch den »aktivierenden Sozialstaat«, als Programm von New Labour von Tony Blair geheiligt und von Gerhard Schröder als »neue Mitte« verkauft. Da aber die Regierung bei einer ausschließlich angebotsorientierten Wirtschaftspolitik blieb – was zum Rücktritt des konzeptionell und intellektuell besten Kopfs der SPD, Oskar Lafontaine, führte und die Arbeitslosigkeit weiter wachsen ließ –, beschloß die Koalition mit der Agenda 2010 immer größere soziale Einschnitte, um schließlich beim Super-GAU von Hartz IV zu landen. Die Sache war nicht gut durchdacht.

Angetrieben von den Verbänden der Arbeitgeber, war dies eine Politik ohne Perspektive, der Mensch wurde regierungsamtlich zum Kostenfaktor. Besser hätten es die Liberalen auch nicht machen können. Der SPD fehlte eine neue soziale und ökonomische Philosophie, und sie geriet so in das neoliberale Schlepptau. Im »Spiegel« (Nr. 30/1998) heißt es: »Schröder zündet keine Rakete, aber er sprüht Funken. Er setzt überall nur kleine Zeichen.« Die SPD war, im Gegensatz zu den Grünen, auf die Regierungsübernahme geistig und moralisch nicht vorbereitet.

»Sozialdemokratische Programmdebatten«, beschreibt Erhard Eppler die Gründe, »waren nie besonders vergnüglich. Vor hundert Jahren nicht, weil die Debattierer sehr viel Theoretisches gelesen hatten, das Gelesene oft mit der Wirklichkeit verwechselten und weil sie sehr viel zitierten, vor allem die Autoritäten. Heute nicht, weil die Debattierer sehr wenig gelesen haben, oft nicht einmal das gültige Programm, noch weniger zitieren und weil sie die Neigung haben, ihre speziellen praktischen Sorgen ins Grundsätzliche zu überhöhen.« Die SPD hatte das Lied vom Tod des Sozialstaats angestimmt und muß heute ihr eigenes Requiem zelebrieren.

Aber die Sozialdemokraten haben nicht nur ein philosophisches Defizit. »Macht ist die Fähigkeit, nicht mehr hinhören zu müssen, weil man ja das Sagen hat. Die Arroganz der Macht ist der erste Schritt auf dem Weg in die Opposition.« So der Sozialwissenschaftler K. W. Deutsch. Zwischen der rot-grünen Führung und der Bevölkerung war der Faden gerissen. Die Schwierigkeit bestand nicht darin, daß Gerhard Schröder den Problemen, die er sah, nicht gerecht geworden wäre, sondern er hatte die Probleme, wie sie die Wähler sahen, nicht mehr erkannt. Die Bundestagswahl 2005 war das Spiegelbild der seelischen Verfassung der Bevölkerung und die Linkspartei die adäquate Antwort auf den desolaten Zustand der SPD. Nach sieben Jahren Rot-Grün hatten die Menschen in Deutschland Angst, siebzig Prozent allein vor der Arbeitslosigkeit und der Armut – laut »F. A. Z.« deprimierte Knirpse und schlecht gelaunte Destruktivisten, eines leidensfähigen und selbstverständlich nicht krankenversicherten Friedrich Schiller in dessen Jubiläumsjahr unwürdig. Aber sie waren in Wirklichkeit eher Verzweifelte über eine Politik, die offensichtlich schon überfordert war, unsinniges Lohndumping aus Osteuropa zu verhindern.

Was dem Karneval nützt und den Parteien schadet

Das Fasnachtslied »Am Rosenmontag bin ich geboren« hat die Schlagersängerin Margit Sponheimer weltberühmt gemacht. Es ist ein richtiger Gassenhauer geworden, zumindest im deutschsprachigen Europa. Ob die Dame tatsächlich ein Rosenmontagskind ist, wird höheren Orts, nämlich beim Mainzer Einwohnermeldeamt, bestritten. Ich dagegen bin in dieser Hinsicht über jeden Zweifel erhaben, was mich allerdings nicht zum richtigen Fasenachter gemacht hat. Immerhin hat es zum »Ritter wider den tierischen Ernst« des Aachener Karnevalsvereins gereicht, was mir die Duzbruderschaft von so lustigen Gesellen wie Guido Westerwelle, Hans Eichel und Edmund Stoiber verschaffte. Die kuriosen Auswahlkriterien der Aachener Karnevalisten wurden im WDR, der die Veranstaltung unentwegt jedes Jahr überträgt, schon des öfteren ergebnislos diskutiert, mit Eigenschaften wie Witz und gekonnter Blödelei haben sie jedenfalls nicht immer etwas zu tun, dafür um so mehr mit Prominenz und Geld. Der Humor der Ordensritter Joachim Hunold von Air Berlin und Wendelin Wiedeking von Porsche war so tiefgründig und geheimnisvoll, daß selbst gutwillige und in Fragen der Askese und Mystik geschulte Ritterkollegen wie Kardinal Lehmann über deren Witze nur gequält lachen konnten, ähnlich wie bei der Wahl von Ratzinger zum Papst. Nun gibt es Leute, die als solche schon komisch sind, wie zum Beispiel der ehemalige Bauernpräsident Freiherr Heereman, eine echte Bereicherung der Ritterrunde ebenso wie Theo Waigel, der wenigstens Witze gut erzählen konnte.

Aber der beste Karnevalist und Kabarettist, den die Aachener je hatten, war Norbert Blüm, übrigens auch der beste Arbeitsminister der Bundesrepublik, allen Verleumdungen zum Trotz, wie sich spätestens seit der Finanzkrise des Kapitalismus und dem Scheitern von Hartz IV herausgestellt hat. Die Häme, mit der er überzogen wurde, als er mit Peter Sodann ein Zwei-Mann-Kabarett auf die Bühne stellte, hatte allzu menschliche Gründe: Neid, Intoleranz und parteipolitische Rivalität. Und noch etwas anderes. In der »F.A.Z.« gab es einen Totalverriß der beiden Künstler. Das interessierte mich. Ich hatte eine Vorlesung in Cottbus, und am Abend traten die beiden in der Cottbuser Stadthalle auf. Die Sache war zum Totlachen, herrliche Sketche, blühende Witze, kein einziger langweiliger Dialog. Über etwas waren sie sich sogar einig, darüber fielen sie gemeinsam her: über den Kapitalismus, den westlichen, russischen, chinesischen. Klar, daß der »F.A.Z.«-Mann das Ganze nicht gut finden konnte.

Zurück nach Aachen. Ich hielt meine Ritterrede in gereimten Versen und bekam angemessenen Beifall. Ich spielte als Gleitschirmflieger natürlich einen Adler, der von seinem Heimatort Gleisweiler nach Aachen fliegt und schildert, was er von oben so alles beobachtet und was ihm dabei einfällt: zum Beispiel die Predigt des früheren Mainzer Kardinals Hermann Volk an Heiligabend, in der er der weihnachtlich gestimmten Gemeinde entgegenschleudert: »Es gibt nur eine Alternative: entweder glauben oder saufen!« Da ertönt aus der Mitte der Andächtigen der Zuruf: »Noch besser ist beides« – typisch Mainzer Fasnacht, die Ende des 18. Jahrhunderts im Widerstand gegen die napoleonischen Besatzer entstanden und immer politisch mit philosophisch-theologischem Einschlag war.

Da mir auf meinem Flug nach Aachen auch Franz Josef Strauß als Engel auf einer Wolke begegnet, habe ich Gelegenheit, auf die immer wieder gestellte Frage zu antworten, warum die CSU nach dem Hinscheiden des bayerischen Ministerpräsidenten FJS auch unter seinem Nachfolger Edmund Stoiber immer absolute Mehrheiten bei den Wahlen bekomme: der Grund liegt darin, daß Stoiber katholisch ist, aber aussieht wie evangelisch. Das waren auch schon die Höhepunkte meiner Narrenrede. Und das mit dem Stoiber könnte ich schon nicht mehr erzählen. Die schlechten Wahlergebnisse seiner Nachfolger scheinen zu bestätigen: Beckstein sieht aus wie evangelisch und ist evangelisch, und Huber sieht aus wie katholisch und ist katholisch. Bei Seehofer kann's wieder werden wie bei Stoiber: persönlich liberal, politisch sozial.

Kabarett und Fasnacht profitieren heutzutage vom Verfall der politischen Moral. Gebrochene Wahlversprechen, die maßlose Bereicherung von Managern, die Zokkerei der Banken und die Abstauberei ihrer Vorstände bei gleichzeitigem Sozialabbau und Hartz IV und vieles mehr diskreditieren die Demokratie und die Parteien. Dazu kommen drei historische Irrtümer der Deutschen im Verhältnis zur Demokratie und zu den Parteien.

Drei historische Irrtümer

Es ist erstens die privatistische Politikabstinenz, die vom Erker des Wohnzimmers aus beobachtet, wie sich die Politiker im Gelände tummeln und sich die Hände schmutzig machen. Goethe läßt im Faust in »Auerbachs Keller« in Leipzig auf die Frage von Frosch »Das liebe heil'ge Römsche Reich, wie hält's nur noch zusammen?« den Brander antworten: »Ein garstig Lied! Pfui! ein politisch Lied, ein leidig Lied! Dankt Gott mit jedem Morgen, daß ihr nicht braucht für's Römsche Reich zu sorgen! Ich halt es wenigstens für reichlichen Gewinn, daß ich nicht Kaiser oder Kanzler bin.«

Solch ein Vorurteil entspricht der allgemeinen bürgerlichen Überzeugung, daß Politik ein schmutziges Geschäft sei, mit dem sich intelligente und anständige Leute besser nicht beschäftigten, ein Vorurteil, das die deutschen Akademiker, der deutsche Adel, die deutsche Bourgeoisie geradezu liebevoll pflegten. Geist und Macht, das waren unüberbrückbare Gegensätze. Universität und Geist auf der einen Seite, Politik und Parlament auf der anderen. Das Katheder und die Rednertribüne trennten Welten. Ein kulturhistorischer Irrtum zumindest, der aber in Deutschland weitreichende Folgen hatte. Vielleicht hätte Hitler verhindert werden können, wenn die Deutschen nach dem Tod Friedrich Eberts nicht ausgerechnet Hindenburg zum Reichspräsidenten gewählt hätten, der nach eigenem Bekunden außer der Bibel und dem preußischen Exerzierreglement kein Buch gelesen hatte.

Der Schriftsteller André Malraux konnte in Frankreich Minister werden. Manche französischen Staatspräsidenten waren gleichzeitig gute Literaten: de Gaulle, auch Pompidou, Mitterrand. Siegfried Lenz, Martin Walser, Günter Grass, Reiner Kunze – Kulturminister in Deutschland? Die Aufgabe, Geist und Macht miteinander zu versöhnen, hat sich in Deutschland bisher nur in der Person Richard von Weizsäckers verwirklicht.

Der zweite Irrtum der Deutschen im Verhältnis zur Demokratie ist das romantische Mißverständnis, wie ich es einmal nennen will: die grün-alternative Vorstellung – von den Grünen inzwischen selbst über Bord geworfen –, ohne Parteien auskommen zu können, von der Basis aus Demokratie zu praktizieren. Man kann aber einen Industriestaat mit 82 Millionen Einwohnern nicht basisdemokratisch regieren. Das geht gerade noch im Halbkanton Appenzell in der Schweiz, im Kanton Bern schon nicht mehr. Allerdings nützt es den Parteien, wenn sie mit Organisationen der Zivilgesellschaft wie Attac, Greenpeace, Amnesty International oder kirchlichen Organisationen kommunizieren und zusammenarbeiten. Allein können sie die Probleme einer sich rasend schnell wandelnden Welt mental und organisatorisch nicht bewältigen. Auch für die politischen Parteien muß das Internet das wichtigste Kommunikationsforum werden.

Der dümmste Irrtum

Der dritte und der dümmste ist der autoritäre Irrtum, nämlich die typisch deutsche Lebenslüge, die auch angeblich fromme Leute verbreiten, daß das deutsche Volk vor allem jemanden brauche, der führe, am besten charismatisch, der ihm sage, wo es langgehe. Danach wäre es nur konsequent, auf Parlament und politische Parteien zu verzichten. In der Weimarer Republik haben die Rechtsradikalen das Parlament als »Quasselbude« diffamiert. Die alten Geister rühren sich wieder; hoffentlich bleiben sie Nachtgespenster. Gewiß ist, daß man das deutsche Volk heute nicht mehr antreten lassen und linksum, rechtsum befehlen kann: Die Menschen wollen nicht kommandiert, sie wollen durch Inhalte und glaubwürdige Persönlichkeiten überzeugt werden. Der Bedarf an Charismatikern in Deutschland ist gedeckt.

In dieser Beurteilung weiß ich mich einig mit Hunderttausenden von Mitgliedern in den demokratischen Parteien. Die Führung einer Partei ist in besonderer Weise diesen Menschen verantwortlich, die durch ihre aktive Mitgliedschaft diese historischen, romantischen und autoritären Mißverständnisse längst überwunden haben und engagiert einen unverzichtbaren Beitrag für unsere Demokratie leisten. Die Weimarer Republik ist ja nicht, wie Richard von Weizsäcker einmal gesagt hat, zugrunde gegangen, weil es zu viele Kommunisten oder zu viele Nazis, sondern weil es zuwenig engagierte Demokraten gegeben hat.

Eine Erneuerung der Parteien setzt voraus, daß sie und ihre Führungen den Verfassungsauftrag ernst nehmen, an der Willensbildung des Volks mitzuwirken. Dies wird nur dann möglich sein, wenn die Parteien die Bürger an ihrer politischen Tätigkeit und an der Erarbeitung ihrer politischen Programme teilhaben lassen und sie auch über die Art und Weise informieren, wie politische Entscheidungen herbeigeführt werden. In der Mediengesellschaft ist es ein kapitaler Fehler, die geistige Auseinandersetzung um den richtigen Weg und den Prozeß der Meinungs- und Willensbildung in einer Partei der Öffentlichkeit gegenüber abzuschotten. Zur Überwindung der moralischen Krise der Parteien ist eine offene und liberale Streitkultur notwendig. Man kann andere nicht überzeugen, indem man sie zum Schweigen bringt.

Basta-Politik

Seit der Kanzlerschaft von Gerhard Schröder hat die autoritäre Methode noch eine besondere Verschärfung erfahren. Probleme werden nicht mehr dort diskutiert, wo sie hingehören, nämlich im Parlament und den Fraktionen, sondern in von der Regierung oder von den Parteivorständen eingesetzte Ausschüsse oder Kommissionen verlagert. Das mag im Einzelfall sinnvoll sein, wenn es aber zur Regel wird, führt es zu politischen Fehlern und falschen Weichenstellungen. Die gesamte Sozial- und Gesundheitspolitik ist in den letzten Jahren mit dieser Methode auf die falsche Bahn geraten.

Das Ganze geht, um es am Beispiel von Ex-Kanzler Schröder zu erläutern, so vor sich: Die richtige Idee war, daß der Arbeitsmarkt reformiert werden mußte. Dafür gab es eine Fülle von Vorschlägen und internationalen Erfahrungen von Dänemark bis Neuseeland. Um für Deutschland zu einem Ergebnis zu kommen, setzte Schröder die sogenannte Hartz-Kommission ein, benannt nach dem langjährigen Personalvorstandsmitglied von Volkswagen, Peter Hartz, einem zweifellos tüchtigen und intelligenten Manager, der bei VW eine Reihe von innovativen Lösungen in Arbeitsrechts- und Besoldungsfragen gefunden hatte. Diese Kommission setzte sich aber im wesentlichen aus Menschen zusammen, die von dem, was sie beschließen sollten, persönlich nicht betroffen waren: Ministerialbeamte, Professoren, Arbeitgeber- und Gewerkschaftsfunktionäre. Dagegen wäre nichts einzuwenden gewesen, wenn die Kommissionsvorschläge in der Öffentlichkeit, vor allem in den Parteien, ausreichend hätten diskutiert werden können. Dies entsprach aber nicht der Haltung von Gerhard Schröder. Kaum lagen die Vorschläge auf dem Tisch, erklärte er: Basta, so wird es gemacht.

Basta-Politik ist seitdem der Name für eine autoritäre Politik in einer Demokratie. Zwar wurden die Kommissionsvorschläge auf einem Parteitag der SPD beschlossen, aber vorher nicht ausreichend diskutiert. Der Partei wurde die Pistole auf die Brust gesetzt: entweder Zustimmung oder Schwächung des Bundeskanzlers. Jeder, der etwas von Parteien versteht, weiß, was Delegierte in einem solchen Dilemma tun. Sie wollen die unter harten Mühen eroberte Macht nicht aufs Spiel setzen.

In der CDU liefen die Dinge auch nicht besser, als sie den Leipziger Parteitag von 2003 vorbereitete. Angela Merkel hatte eine Sozialkommission eingesetzt, um Fragen der Gesundheits- und Rentenpolitik zu erörtern und Lösungen dafür vorzulegen. Zum Vorsitzenden machte sie ausgerechnet den als Sozialexperten bis dahin unbekannten ehemaligen Präsidenten des Bundesverfassungsgerichts, Roman Herzog. Dessen Vorschläge wurden der Parteivorsitzenden überreicht, nachdem Experten wie Horst Seehofer den Versuch als aussichtslos aufgegeben hatten, argumentativ auf die Kommissionsvorschläge einzuwirken. Am Tag nach der Übergabe erklärte Merkel bastamäßig, daß die Vorschläge eins zu eins umgesetzt werden müßten. Danach konnte auch auf den vier Regionalkonferenzen der CDU zur Vorbereitung des Leipziger Parteitags nicht mehr richtig über die Kopfpauschale und andere Fragen der Sozial- und Gesundheitspolitik diskutiert werden. Widerspruch wurde niedergebrüllt, wie es Norbert Blüm auf einer Regionalkonferenz und später auf dem Bundesparteitag erging. Es sollte sich jedoch relativ bald herausstellen, daß die Kopfpauschale, so, wie sie Roman Herzog in seiner Parteitagsrede propagiert hatte und wie sie beschlossen worden war, ein Flop war, der nicht realisiert werden konnte.

Innerparteiliche Demokratie setzt auf jeden Fall voraus, daß Vorschläge an der Parteibasis diskutiert werden. So ist zu meiner Zeit als Generalsekretär jeder Bundesparteitag vorbereitet worden. Die Arbeitsmarktreformen von Gerhard Schröder waren zu einem großen Teil nicht nur inhaltlich falsch, sondern hatten auch einen anderen entscheidenden Fehler: Sie wurden gegen den Willen der eigenen Partei und ohne ausreichende Diskussion durchgesetzt. Gerhard Schröder hat mit dieser Methode und der sozialpolitischen Umorientierung nicht nur die Seele der SPD verraten, sondern auch die innerparteiliche Demokratie in dieser alten Volkspartei aufs Spiel gesetzt.

Toleranz – innerparteiliche Demokratie

Die »Bank des Zigeuners«

In meinem ersten Zeugnis an der katholischen Grundschule in Ravensburg stand in der Rubrik »Betragen«: »Heiner bringt den Lärm des Schulhofs in das Klassenzimmer.« Nachdem die katholische Bekenntnisschule von den Nazis verboten und ich mit den Mitschülern in die zweite Klasse der Deutschen Gemeinschaftsschule versetzt worden war, bestand der erste Gewaltakt der neuen Schulleitung darin, meinen Freund Kajetan, der vorher mit mir in der Bank gesessen hatte, von mir zu trennen und in den hintersten Winkel des Schulzimmers zu verfrachten, isoliert von den anderen. Daraufhin begann ich so laut zu schreien und zu randalieren, daß das halbe Lehrerkollegium zusammenlief, um sich nach der Ursache das Lärms zu erkundigen. Nachdem ich auch mit Schlägen nicht zur Raison gebracht werden konnte, durfte der kleine Paria nicht etwa wieder zu mir nach vorne kommen, vielmehr wurde ich nach hinten in die Bank des Zigeuners verbannt. Dies wiederum gefiel meinen Eltern, denen ich zu Hause die Geschichte berichtete, überhaupt nicht, und so nahm das Schicksal seinen Lauf: Auf Intervention meiner Eltern beendete die Schulleitung zwar die kindliche, aber keineswegs kindische Rassenapartheid, und Kajetan und ich durften nun in den vorderen Bankreihen Platz nehmen. Aber wenige Wochen später wurde mein Vater nach »schwäbisch Sibirien«, nach Tuttlingen, strafversetzt, was meiner Mutter, die Ravensburg und den Bodensee liebte, fast das Herz brach.

Teilnahme an Fronleichnamsprozessionen, öffentlicher Widerstand gegen die Nazi-Schulpolitik, Sympathieerklärungen für den Bischof Sproll, Votum für die Bekenntnisschule, Treppensturz des Ortsgruppenleiters durch meine Mutter, Weigerung meiner Schwester, ins Jungmädelpfingstlager zu gehen und Jungmädelführerin zu werden, und dann noch das »Zigeunertheater« hatten offensichtlich für die Nationalsozialisten das Faß zum Überlaufen gebracht. Gott sei Dank – so meine Mutter – habe mein Bruder Eugen kurz zuvor am Ravensburger humanistischen Gymnasium noch das Abitur machen können.

Jetzt hatten wir kein normales Familienleben mehr. Schon in Ravensburg waren wir im Auftrag der NSDAP von einem Nachbarn namens Eggert bespitzelt worden. Das sollte sich in Tuttlingen verstärkt fortsetzen. Das Vermessungsamt, das meinem Vater übertragen wurde, war völlig verlottert. Der Vorgänger war wegen Trunksucht suspendiert worden, dennoch wurden die daraus resultierenden Probleme meinem Vater angelastet, so daß er, um den endlosen Schikanen zu entgehen, sich als Weltkrieg-I-Offizier zur Wehrmacht meldete, während mein ältester Bruder zum Arbeitsdienst eingezogen wurde, was jedoch allen Gleichaltrigen blühte.

Ich habe an Tuttlingen gute Erinnerungen. Ich konnte Mitglied einer kirchlichen Jugendgruppe werden, die sich verbotenerweise regelmäßig im Untergrund, das heißt im Keller des St.-Josef-Pfarrheims, traf, wo wir die Lieder der Jugendbewegung sangen und spannende Fortsetzungsgeschichten aus der Zeitschrift »Stadt Gottes« hörten. Sonntags gingen wir auf den Heuberg zu Geländespielen oder nach Beuron ins Donautal zum Klettern – ein Sport, der mich mein ganzes Leben lang nicht mehr loslassen sollte.

Der Leiter unserer Gruppe hieß Rudolf Weber. Als die Jugendgruppe auffog, wurde er vom Gymnasium relegiert und vom Abitur ausgeschlossen. Er war später Oberstudiendirektor in Saulgau und hochangesehener Vorsitzender der SPD-Stadtrats- und Kreistagsfraktion. Die heimlichen Treffen, das indianermäßige Schleichen zu den Gruppenabenden, die damit verbundene Spannung und Aufregung gehören bis heute zu den eindrucksvollsten Erinnerungen an meine Jugend. Da wir 1940 nach Hannover zogen, verlor ich die damaligen Freunde aus den Augen, aber nicht aus dem Kopf. Zwanzig Jahre später wurde ich plötzlich wieder mit den damaligen Erlebnissen konfrontiert, als meine Schwester Elisabeth mit einem Studenten nach Hause kam, der Erich Weber hieß und der Bruder meines früheren Gruppenleiters war. Es war mitten in der Adenauerzeit, und der junge Mann hatte in den Augen meiner Mutter, die in politischen Dingen immer konsequent war, nur einen Schönheitsfehler: Er war Sozialdemokrat. Das wurde allerdings dadurch etwas aufgewogen, daß er sehr gut Klavier spielen konnte. Die Hochzeit war nicht aufzuhalten. Politische Mischehen waren damals selten und hatten in den Augen der jeweiligen Parteigänger etwas Anrüchiges.

Heute gälte in den Familien eine solche Einstellung nur noch als einfältig. In der sogenannten großen Politik ist sie an der Tagesordnung. Die Trennlinie verläuft allerdings nicht mehr in erster Linie zwischen CDU und

SPD, sondern zwischen den beiden großen Parteien und der Partei Die Linke.

Gespensterdiskussionen

Das absolut ungeklärte Verhältnis der SPD zur Linkspartei von Oskar Lafontaine hat während des Jahres 2008 psychopathische, neurotische, geradezu wahnhafte Züge angenommen. Mitte Juni trafen sich im Literaturcafé Walden am Prenzlauer Berg vier SPD-Bundestagsabgeordnete mit vier Vertretern der Linken. Sofort war innerhalb der SPD von Verschwörung die Rede. Die Presse sprach von einem Geheimtreffen, und die vier SPD-Leute wurden als Verräter und Überläufer abgestempelt.

Soweit kann es kommen, wenn in einer Partei die nach Immanuel Kant wichtigste Eigenschaft der Aufklärung abgeschafft wird, nämlich »die Fähigkeit, jederzeit selbst zu denken«. Jede parteiamtlich verordnete Kontaktsperre gegenüber Andersdenkenden hat totalitären Charakter.

Die SPD-Führung unter Leitung von Kurt Beck war tatsächlich auf die Idee eines Spagats zwischen Bundespolitik und Landespolitik gekommen. Dementsprechend sollte eine Koalition mit der Linken auf Landesebene möglich sein, wenn die betreffende Landespartei es wollte, im Bund war eine Zusammenarbeit jedoch grundsätzlich ausgeschlossen. Niemandem kann man einen solchen Widerspruch plausibel erklären. Die SPD-Führung will den Deutschen bis heute weismachen, daß eine Koalition mit den Linken im Reichstag eine Todsünde und tausend Meter weiter, im Roten Rathaus, eine Tugend sei.

Attac

Aber auch die CDU ist nicht frei von einer solchen Gespensterdiskussion. Als ich im Herbst 2007 dem globalisierungskritischen Netzwerk Attac beigetreten bin, bekam ich zustimmende Briefe, aber auch Kritik, wobei die Kritik vor allem auf mangelnder Information beruhte über das, was Attac eigentlich ist. Viele Journalisten, aber auch Mitglieder der CDU waren der Auffassung, es sei eine »Attacken-Organisation«, also eine Art Streetfighter- oder Hausbesetzergruppe. In Wahrheit ist Attac ein Netzwerk, das in Frankreich gegründet wurde, und der Name ist eine Abkürzung von »Association pour une taxation des transactions financières pour l'aide aux citoyens«, das heißt »Vereinigung für eine Besteuerung von Finanztransaktionen zum Nutzen der Bürger«; es geht um eine Börsenumsatzsteuer, auch bekannt als Tobin-Steuer. Da ich eine solche Steuer schon seit Jahren für richtig halte und Attac darüber hinaus in ihren Zielsetzungen das gleiche erklärt wie das Grundsatzprogramm der CDU, nämlich auf eine Humanisierung des Globalisierungsprozesses hinzuwirken, gab es keine inhaltlichen Probleme.

Natürlich ist Attac keine Partei, und in diesem Netzwerk arbeiten Menschen unterschiedlichster politischer Prägung, darunter Mitglieder meiner Partei, auch der CSU, aber ebenso der Linken, dazu Altkommunisten, Sozialdemokraten usw. Es ist eine bunte Mischung von Menschen, die die Globalisierung kritisch begleiten. Es kann daher nicht ausbleiben, daß in einzelnen Fragen die Meinungen auseinandergehen. So habe ich mich Anfang April 2009 davon distanziert, daß Attac sich an den Protestaktionen gegen das NATO-Jubiläum in Straßburg, Kehl und Baden-Baden beteiligt hat. Gegen die NATO zu demonstrieren ist eine altsozialistische Dummheit. Die NATO ist am Irakkrieg nicht beteiligt, ist aber in Afghanistan – im UNO-Auftrag – die einzige Organisation, welche die Taliban bekämpft, die in ganz Afghanistan wieder die Scharia einführen wollen, ebenso den Burka-Zwang für alle Frauen, das Schulverbot für Mädchen, die Genitalverstümmelung von Frauen, die Enthauptung von Homosexuellen und die Todesstrafe durch Steinigung für angebliche Ehebrecherinnen. Die Erfinder dieser Demos erweisen sich als verspätete kalte Krieger. Ich bin bei Attac eingetreten, um die Menschenrechte in Ökonomie und Politik auf der ganzen Erde durchzusetzen, aber nicht, um mich zum Handlanger frauenfeindlicher Taliban-Fanatiker zu machen.

Es gibt viele Beispiele für die Berührungsängste, die in den beiden großen Parteien gegenüber linken Organisationen bestehen. Diese Ängste sind begründet in der mangelnden Fähigkeit und der fehlenden Bereitschaft, sich mit Argumenten und Ideen von Linken auseinanderzusetzen. Ich habe das schon immer als großen Fehler empfunden und halte übrigens auch die Auseinandersetzung mit den Rechtsradikalen für dringend notwendig.

In der Wirklichkeit der politischen Parteien stößt diese Idee aber auf große Schwierigkeiten. Auf der ersten Stufe der Meinungsbildung verfährt man in der Fraktion und in den Parteigremien nach dem Motto: Das haben wir immer schon so gemacht, das war noch nie anders. Wenn das nicht reicht, heißt es in der zweiten Stufe: Das ist das Gedankengut des politischen Gegners und kann deswegen nicht richtig sein. Mit solchen Primitivparolen wird jede Diskussion abgewürgt und der Andersdenkende kaltgestellt. Geistige Unbeweglichkeit und Kasernierung der Gedanken produzieren aber schwere Fehler. Eine besonders skurrile Variante besteht darin, die Meinungs- und Redefreiheit bei Themen einzuschränken, zu denen die Parteigremien oder die Fraktion noch gar nichts beschlossen haben. So war es zum Beispiel über lange Jahre in der Union in der Ausländerpolitik.

Die Utopie einer parlamentarischen Demokratie

Gewissensentscheidungen

Nach Artikel 38 des Grundgesetzes sind die Abgeordneten Vertreter des ganzen Volks, an Aufträge und Weisungen nicht gebunden und nur ihrem Gewissen unterworfen. Diese Verfassungsbestimmung steht in einem Spannungsverhältnis zu Artikel 21 der Verfassung, wonach die Parteien an der Willensbildung des Volks mitwirken. Was passiert also, wenn ein Abgeordneter anders entscheidet als seine Partei?

Verschärft wird das Problem dadurch, daß der Deutsche Bundestag sich aus zwei Klassen von Abgeordneten zusammensetzt: Die eine Hälfte wird direkt in den Wahlkreisen gewählt und die andere Hälfte über Landeslisten, die von Delegiertenkonferenzen der Landesparteien aufgestellt werden. Solche Abgeordneten sind besonders von den Parteivorständen abhängig, weil diese meistens bestimmen, wer einen Landeslistenplatz bekommt. Abgeordnete, die einen sicheren Wahlkreis haben, sind in einem weitaus höheren Maß unabhängig von der Partei als ihre Kolleginnen und Kollegen, die über einen solchen Wahlkreis nicht verfügen und daher auf einen vorderen Platz auf der Landesliste angewiesen sind und entsprechend darum kämpfen müssen.

Befindet sich eine Partei an der Regierung, muß natürlich jeder Abgeordnete einer Regierungsfraktion auch an den verfassungspolitischen Auftrag denken, daß zur Regierungsfähigkeit in einer parlamentarischen Demokratie auch die Mehrheitsfähigkeit der die Regierung tragenden Fraktionen gehört. Das heißt, im Kampf um politische Inhalte dürfen Mehrheiten nicht auseinanderfallen. Abweichendes Abstimmungsverhalten muß sich daher in der Regel auf Gewissensfragen beschränken, vor allem dann, wenn die Mehrheiten knapp sind.

Die Verpflichtung zur Mehrheitsfähigkeit liegt in der verfassungspolitischen Verantwortung des Abgeordneten dem gesamten Volk gegenüber, das einen Anspruch darauf hat, daß die wichtigsten Aufgaben, soweit sie vom Gesetzgeber zu bewältigen sind, auch bewältigt werden. Werden Grundsätze oder das Gewissen berührt, muß jeder Abgeordnete mit sich selbst ins reine kommen, was für ihn wichtiger ist, das Überleben der eigenen Regierung oder die persönliche Gewissensentscheidung. Auch das erstere kann zu einer Gewissensfrage werden, wenn zum Beispiel befürchtet werden muß, daß bei einem Sturz der eigenen Regierung politische Parteien an die Macht kämen, deren voraussehbare Entscheidungen für den betreffenden Abgeordneten erst recht zu einer Gewissensfrage würden, etwa wenn der Abgeordnete davon ausgehen müßte, daß diese Parteien demokratische Grundsätze verletzen würden.

Druck auf Abgeordnete

Dieses Dilemma ist aber in den letzten Jahren immer mehr zugunsten der Autorität der Partei beziehungsweise der

Fraktionsführungen und gegen die Selbständigkeit und Gewissensfreiheit des Abgeordneten gelöst worden. Die Führungen aller Parteien, zum Teil auch Politologen und Journalisten, erklären, der Abgeordnete habe sein Mandat nicht durch eigene Kompetenz errungen, sondern sei allein durch Unterstützung der Partei gewählt worden. Dies gelte sogar für die direkt gewählten Mandatsträger. Jeder, der kandidiere, erhalte in erster Linie deshalb Wählerstimmen, weil er mit politischen Grundaussagen der Partei identifiziert werde, für die er antrete. Selbst in Sachen Krieg und Frieden, normalerweise die typische Gewissensfrage, beanspruchen die Parteien inzwischen eine Oberhoheit über die Gewissen ihrer Abgeordneten. Als es 2001 um den Mazedonieneinsatz der Bundeswehr ging, drohte der damalige Generalsekretär der SPD, Franz Müntefering, möglichen Abweichlern in der eigenen Fraktion in aller Öffentlichkeit und ohne sich zu genieren, er werde bei den anstehenden Delegiertenversammlungen dafür sorgen, daß sie nicht mehr auf sicheren Listenplätzen nominiert würden. Daran muß man sich erinnern, wenn Müntefering, inzwischen Parteivorsitzender der SPD, die Führungskompetenz für sich reklamiert. Gegen diese verfassungswidrige Drohung des SPD-Generalsekretärs, die mir in den zwölf Jahren meiner Amtszeit als CDU-Generalsekretär noch nicht einmal im Traum in den Sinn gekommen wäre, gab es zwar Widerspruch aus den eigenen Reihen, aber Müntefering blieb mit Unterstützung seines Parteivorsitzenden, des Bundeskanzlers Schröder, bei seiner rigorosen Haltung – mit der für den Kanzler schönen Konsequenz, daß die rot-grüne Koalition im Bundestag eine ausreichende eigene Mehrheit bekam, die aber gar nicht notwendig gewesen wäre. Man könnte ein solches Erpressungsmanöver noch verstehen, wenn es auf die Stimmen tatsächlich ankäme. Aber Bundeskanzler Schröder hatte nicht nur in dieser Frage, sondern auch bei allen anderen außenpolitischen Entscheidungen der im September 2002 zu Ende gehenden Legislaturperiode eine komfortable Mehrheit, weil die meisten Oppositionsabgeordneten der CDU/CSU die Außenpolitik der Regierung unterstützten.

Dennoch stellte er bei der Abstimmung über die Beteiligung der Bundeswehr am Krieg in Afghanistan die Vertrauensfrage, obwohl er mit einer achtzigprozentigen Zustimmung des Parlaments rechnen konnte. Es wäre für ihn also gar nicht darauf angekommen, sich mit der Vertrauensfrage, wie es der verfassungspolitische Sinn dieser Bestimmung ist, für eine wichtige Entscheidung die Zustimmung des Bundestags zu sichern, sondern es ging dem Kanzler nur darum, die Mehrheit der sozialdemokratischen und grünen Abgeordneten zu erhalten. Dadurch entstand eine perverse Situation. Da die CDU/CSU-Opposition unmöglich dem Bundeskanzler generell das Vertrauen aussprechen konnte, setzte er die bis dahin vorhandene breite parlamentarische Mehrheit aufs Spiel und zwang die Unions-Abgeordneten, gegen etwas zu stimmen, das sie für richtig hielten.

Was haben Schröder und Müntefering damit erreicht? Erstens haben sie das höchste Verfassungsorgan Deutschlands, nämlich den Bundestag, zu einer Abstimmungsmaschine der beiden Regierungsparteien gemacht. Zweitens haben sie sich ohne Not auf ein Vabanquespiel eingelassen, bei dem im Fall des Scheiterns die Bündnisfähigkeit und das internationale Ansehen Deutschlands zerstört worden wäre. Drittens haben sie gegen den Sinn und den

Wortlaut des Grundgesetzes Druck auf Bundestagsabgeordnete ausgeübt, die gegen den Einsatz der Bundeswehr schwerste Bedenken hatten.

Daß Abgeordnete der Regierungsparteien sich bis auf wenige Ausnahmen dem Druck beugten, hat dem deutschen Parlamentarismus zusätzlich Schaden zugefügt. Der wurde noch weiter gesteigert, als fast alle diese Abgeordneten persönliche Erklärungen zu ihrem Abstimmungsverhalten zu Protokoll gaben, in denen sie darlegten, daß sie die eigene Entscheidung für falsch und moralisch anfechtbar hielten. Die gequälten und gewundenen Erklärungen dieser Abgeordneten, die man nur peinlich berührt lesen kann, sind das Produkt der von Kanzler Schröder und Generalsekretär Müntefering angelegten Daumenschrauben.

Wahrheitsfindung induktiv, nicht deduktiv

Dieses Beispiel der Demütigung und Deklassierung des Parlaments durch die Regierung zeigt, wie notwendig es ist, das Selbstbewußtsein des Parlaments zu erneuern. Dazu braucht es aber selbständige Abgeordnete, die mutig genug sind, im Plenum anders abzustimmen als die Mehrheit der Fraktion, wenn sie dafür gute Gründe haben. Daß die Erpressung des SPD-Generalsekretärs Müntefering – von einigen Gegenstimmen bei seiner Wiederwahl auf dem SPD-Bundesparteitag im November 2001 abgesehen – sanktionslos blieb und von einem Teil der konservativen Presse sogar begrüßt wurde, zeigt jedoch, wie verkommen das demokratische Selbstverständnis unserer Gesellschaft inzwischen ist. Und es beweist auch, wie schwierig eine Kehrtwendung des Parlaments in diesen entscheidenden verfassungspolitischen Fragen sein wird.

Die Verfahren, wie politische Entscheidungen gefunden werden, ähneln immer mehr denen autoritärer Systeme oder von Religionsgemeinschaften. Das politische Leben wird zunehmend beherrscht von einer deduktiven Methode: Die Entscheidungsfindung geht von Dogmen aus, an die dann die Lebenswirklichkeit angepaßt werden soll. Man lebt dann in einem geistigen Sultanat. Ich habe Beispiele solcher vermeintlich unumstößlichen Wahrheiten schon genannt: »Deutschland ist kein Einwanderungsland«, »Jeder Job ist besser als keiner«, »Sozial ist, was Arbeit schafft«, »Sowenig Staat wie nötig, soviel Markt wie möglich«, »Verstaatlichung und Soziale Marktwirtschaft sind kontradiktorische Gegensätze«, »Der Kapitalismus hat den Kommunismus besiegt« usw. Das sind Aussagen über komplexe Sachverhalte, die so undifferenziert und pauschal sind, daß sie gar nicht richtig sein können, wie die Finanzkrise 2008/2009 ja auch gezeigt hat. Unanfechtbare Wahrheiten, in Erz gegossen für die Ewigkeit, haben aber oft nicht mehr als eine Halbwertszeit von sechs Monaten. Bei einer Kirche mag es notwendig sein, daß sie letzte Wahrheiten verkündet, soll sie nicht in Sekten zerfallen. In der Politik jedoch, wo es nur um vorletzte Wahrheiten geht, ist die induktive Urteilsfindung für eine Demokratie das Entscheidende. Induktiv heißt, das Denken soll von den Menschen ausgehen, von ihren unterschiedlichen Auffassungen, Interessen und Lebenssachverhalten. Diese Methode ist für die Qualität der Politik wesentlich besser als die Dogmenhuberei, an der diejenigen ein Interesse haben, die sich gerade in der Führung befinden. Natürlich braucht die Politik Grundsätze. Aber es geht darum, daß Probleme erkannt und Lösungsvorschläge formuliert und diskutiert und dann auf der Basis der Grundsätze, die man für richtig hält, entschieden werden.

Ohne Streit kein Fortschritt

Das Problem besteht oft nicht im Organisieren von Mehrheiten. Das ist in der parlamentarischen Demokratie sogar unverzichtbar. Aber das darf die Meinungsfreiheit in einer Partei und einer Fraktion nicht zerstören. Wenn ein Abgeordneter in einer Sachfrage in der Minderheit bleibt und unterliegt, dann ist er nicht verpflichtet, das, was er vorher für richtig gehalten hat, nun für falsch zu halten. Ich habe öfter eine andere Meinung gehabt als meine Parteiführung oder die Mehrheit der Bundestagsfraktion. In einem solchen Fall gebietet die demokratische Fairneß jedem Abgeordneten, sich in seinem Abstimmungsverhalten der Mehrheit anzuschließen, wenn es sich nicht um Gewissensfragen handelt. Aber er muß die Freiheit haben, von der ersten bis zur letzten Stunde für seine Meinung zu kämpfen. Auch dann, wenn diese Meinung identisch ist mit der des politischen Gegners. Und er muß das Recht haben, ab der ersten Stunde nach der Abstimmung dafür zu kämpfen, daß ein Beschluß, den er für falsch hält, wieder verändert wird.

Wenn etwas anderes gelten würde, gäbe es keinen Fortschritt. Jede politische Gemeinschaft braucht weiterführende Diskussionen wie die Luft zum Atmen. Und es ist auch klar: Alles Neue steht in einem mehr oder weniger großen Widerspruch zum Bisherigen. Dies ist nicht nur ein Problem für konservative Parteien, sondern zum Beispiel auch von Volksabstimmungen. Plebiszitäre Verfahren in den modernen Staaten mit einer großen Bevölkerung führen eher zur Stagnation als zum Fortschritt, weil die Mehrheit der Bevölkerung am Althergebrachten hängt und gegenüber allem Neuen voreingenommen ist. Es ist ja gerade die Idee der repräsentativen Demokratie, diese Stagnation mit Hilfe einer politischen Elite zu verhindern oder zu überwinden.

Der Faden ist gerissen

Einer der Gründe, warum die Parteien ihre Akzeptanz im Volk verlieren, liegt darin, daß die Kommunikation zwischen Regierenden und Regierten gegen Null tendiert: Der Faden ist gerissen. »Nicht die Taten bewegen die Menschen, sondern die Worte über die Taten, und nicht die Dinge verwirren, sondern die Ansichten über die Dinge«, wußten schon die alten Philosophen. In den Kellern des Bundeskanzleramts und der Parteizentralen muß es Geheimabteilungen geben, die Tag und Nacht darüber nachdenken, mit welchen Begriffen sie dem eigenen Laden Schaden zufügen können. Wird schon die Realität als bedrückend empfunden, so wird den Menschen regierungsamtlich zusätzlich mit Drohbegriffen eingeheizt und Angst gemacht: Hartz I, Hartz II, Hartz III, Hartz IV, Fallmanager, Jobagenten, Ich-AG, Personal-Service-Agentur, Hypothekenderivate, Zertifikate, Hypo Real Estate, Lehman Brothers. Seit Ausbruch der gigantischen Finanzkrise spüren die Menschen die Gefahren auch für ihre persönliche Situation. Aber man erklärt sie ihnen nicht in verständlicher Weise. Statt dessen gibt es eine der typischen Gespensterdiskussionen über Verstaatlichung und deren angeblichen Widerspruch zur Sozialen Marktwirtschaft, den bevorstehenden Sozialismus und ähnlichen Unsinn. Die Perspektivlosigkeit droht das schlimmste Defizit der politischen Parteien zu werden.

Korruptionsfreie Parteipolitik – eine Utopie?

Ich habe im Januar 2002 an der Evangelischen Akademie in Berlin einen Vortrag über Matthias Erzberger gehalten. Erzberger war Reichsfinanzminister, Reichstagsabgeordneter und Leiter der deutschen Waffenstillstandskommission Ende des Ersten Weltkriegs 1918. Er wurde zum Haßobjekt der Deutschnationalen, weil er auf Wunsch der deutschen Obersten Heeresleitung unter Paul von Hindenburg am 11. November 1918 das Waffenstillstandsabkommen mit den Alliierten unterzeichnete und sich später auch dafür aussprach, den Versailler Friedensvertrag notgedrungen zu akzeptieren. Er sah sich sozusagen gezwungen, den Notar jener Mächte im alten Kaiserreich zu spielen, die den Krieg mit angezettelt hatten.

Der Haß, der ihm entgegenschlug, war aber nicht nur darin begründet, sondern auch in seiner Rolle als erster Reichsfinanzminister der neuen Republik, der sich mit dem Erbe der Kriegsfinanzierung herumschlagen mußte. Das kaiserliche Deutschland hatte den Krieg vor allem durch Anleihen finanziert. Es gab keine Kapital- und Vermögenssteuer, auch keine Reichssteuer auf Großgrundbesitz. Der Staat hatte der Oma die letzte Goldmark aus dem Strumpf geholt.

Im Gegensatz dazu hatten Franzosen und Engländer den Weltkrieg vorwiegend über höhere Steuern finanziert. Auch die Rüstungskonzerne hatten dort höhere Steuern bezahlen müssen. In Deutschland dagegen wurden ihre Rekordgewinne weitgehend geschont.

Als der Krieg zu Ende war, stand die erste demokratische Regierung in Deutschland mit ihrem Reichsfinanzminister Matthias Erzberger vor einem gigantischen Schuldenberg. Erzberger führte die erste große Finanzreform in der deutschen Geschichte durch und realisierte gleichzeitig eine Steuerreform, indem er die Vermögenssteuer einführte und die Steuer auf Großgrundbesitz. Er stieß damit auf den haßerfüllten Widerstand der Vermögensbesitzer, vor allem Alfred Hugenbergs, früher Krupp-Direktor, dann Chef eines großen Medienkonzerns. Wegen der »Erfüllungspolitik« – der Befürwortung der alliierten Friedensbedingungen – und der Steuerreform setzte Hugenberg eine gewaltige Hetzkampagne gegen Erzberger in Gang mit der Folge, daß dieser 1921 von zwei deutschnationalen Offizieren in der Nähe von Bad Griesbach im Schwarzwald, wo der Zentrumspolitiker in Urlaub war, erschossen wurde. Ein Gedenkstein unterhalb des Kniebis an der Bundesstraße 28 zwischen Bad Griesbach und Freudenstadt erinnert bis heute an den Mord.

Der Parteispendenskandal 1999, in den Helmut Kohl verwickelt war, hat mit diesem Thema etwas zu tun, weil er bis heute verschweigt, wer ihm das Geld in seiner schwarzen Kasse gegeben hat. Man kann davon ausgehen, daß es sich bei den Spendern nicht um Hartz-IV-Empfänger handelt.

Die deutsche Schwerindustrie kaufte in der Weimarer Republik in der Gestalt von Hugenberg Zeitungen und Buchverlage auf und schuf sich eine Medienmacht, die dazu in der Lage war, einen ehemaligen Reichsfinanzminister auszuschalten und die Demokratie zu unterminieren. Sie kaufte sich Politiker und Parteien.

Die Mütter und Väter des Grundgesetzes haben aus dieser Geschichte die Konsequenz gezogen und in das Grundgesetz geschrieben, daß die Parteien öffentlich Rechenschaft ablegen müssen über die Herkunft und die Verwendung ihrer Gelder. Es sollte sich nicht wiederholen, daß die Industrie oder andere Mächte Parteien kaufen oder lenken und höheren politischen Einfluß ausüben als Menschen, die weniger oder gar kein Geld haben. Diese Regelung im Grundgesetz fordert Transparenz. Vor diesem Hintergrund der deutschen Geschichte sind Helmut Kohls schwarze Kasse und das Verschweigen der Spender kein Kavaliersdelikt, sondern ein schwerer Verstoß gegen die Substanz unserer Demokratie und das Grundgesetz. Das müsste eigentlich Helmut Kohl, der immer sehr geschichtsbewußt argumentierte, einsehen. Das Parteiengesetz verbietet ausdrücklich, anonyme Spenden anzunehmen. Das Ehrenwort den Spendern gegenüber, ihre Namen nicht zu nennen, ist juristisch und moralisch wertlos. Ein solches »Ehrenwort« höher einzuschätzen als die Verfassung ist einer so großen Volkspartei wie der CDU unwürdig.

Die parlamentarische Demokratie steht und fällt mit der moralischen Qualität ihrer Abgeordneten. Sie werden durch die Politik keine Heiligen, sie müssen aber an sich höhere Maßstäbe anlegen lassen als andere Bürgerinnen und Bürger.

Bildung, Tugenden und Ideale

Wahrhaftigkeit gegenüber sich selbst

Ich kam mit 16 Jahren auf das von Jesuiten geleitete Gymnasium in St. Blasien, da es in meinem Wohnort, in der Stadt Spaichingen, damals keine Schule gab, auf der ich das Abitur hätte machen können. Das Kolleg galt als Eliteschule, stand aber mit Hilfe des Landes Baden-Württemberg auch Kindern aus sozial schwächeren Familien offen.

Dort wurden Egoismus und Hochmut sehr negativ bewertet, entsprechend den Lehren des Ignatius von Loyola. Ziel der Erziehung war der eigenständige, aber auch selbstkritische Mensch. Demut ist nach jesuitischer Definition nicht Unterwerfung und hündisches Kriechen, sondern »Wahrhaftigkeit gegenüber sich selbst«. (Diese Fähigkeit zur Selbstkritik wurde später, nachdem ich Jesuit geworden war, im Noviziat, weiterentwickelt bis zur völligen Infragestellung des eigenen Egos, ja sogar bis zu seiner Zerstörung, um dann den neuen Heiner Geißler zu schaffen.) Gleichzeitig wurde ich in der Schule zu Selbstbewußtsein, Unabhängigkeit und Furchtlosigkeit erzogen. Ich lernte, vor anderen Menschen keine Angst zu haben, Niederlagen wegzustecken, immer wieder neu anzufangen. Mir wurde klar, nur wer sich selbst imponiert, imponiert auch anderen, mehr sein als scheinen war die Devise.

Grenzgänger

Die wichtigste Voraussetzung für das Selbstbewußtsein war die Erkenntnis, daß Wissen Macht ist, daß es Überlegenheit und damit Sicherheit verschafft. Das Charakteristikum der jesuitischen Ausbildung ist, neben der Theologie, die Wissenschaft. Jeder Jesuit muß ein Universitätsstudium absolvieren, aber in seiner Ausbildung, vor allem im Noviziat, auch praktische Arbeit verrichten: in der Fabrik – bei mir war es die Eisengießerei Kustermann in München –, in Altenpflegeheimen, an Sonderschulen.

So haben die Jesuiten mich zu einem Grenzgänger gemacht, der sich geistig nicht einsperren oder unreflektiert in eine Richtung drängen läßt. Auch als Generalsekretär der CDU habe ich immer versucht, die Inhalte meiner Partei nicht einzugrenzen, sondern auszuweiten. Sich für die Ideen anderer zu öffnen habe ich von den Jesuiten gelernt. Machtpolitischer Ehrgeiz wird so von vornherein begrenzt.

Loyal, aber nicht gehorsam

Ich werde immer wieder gefragt, warum ich mit 79 Jahren nicht in den Ruhestand ginge und ob ich bei all dem Trubel und den Aufgeregtheiten wirklich so gelassen sei, wie es aussehe. Warum sollte ich aufhören? Solange ich Bücher schreiben und Klettern kann, bin ich jung. Ich habe immer viel Sport gemacht und habe deshalb einen sehr langsamen Ruhepuls. Gute körperliche Kondition ist ein Vorteil, auch in der Politik. Andere geraten schnell außer

Rand und Band und bekommen Herzrasen, mich haut so schnell nichts um. Aber ich kann mich auch aufregen, zum Beispiel über offensichtliches Unrecht. Die Sache mit der schwangeren Libanesin, die abgeschoben wurde, während der Ehemann mit drei Kindern in Deutschland blieb, und die selbst vier Jahre später mit ihrem inzwischen dreieinhalbjährigen Kind kein Einreisevisum bekommt, macht mich wütend.

Auseinandersetzungen gehören zur Demokratie, und ein Parlament ist kein Gesangverein. Es geht schließlich um das Schicksal von Millionen von Menschen, für die man eintreten muß. Manchmal muß man auch gegen etwas kämpfen: Rechtsradikalismus, Ausländerfeindlichkeit, den Kapitalismus. Das verstehen viele nicht. Die derzeitige Ungerechtigkeit auf der Welt ist eine ethische Herausforderung. Das globale System muß dringend in Ordnung gebracht werden. Ob mir der Glaube die Gewißheit für solche Überzeugungen gibt? Kaum, denn der Glaube ist bei mir schwankend. Ich gehöre zu denen, die zweifeln. Aber das Ideal Jesus gibt Sicherheit. Er ist die Glaubwürdigkeit in Person, das heißt, er verkörpert die Einheit von Ideen, Reden und Handeln, von Anspruch und Wirklichkeit. So, wie er die Menschen damals gegen die Machthaber vertreten hat – unabhängig, freimütig, selbstbewußt, furchtlos –, wäre auch ich immer gerne gewesen und habe das Ideal dennoch nicht erreicht.

Mit dieser Einstellung gerät man oft in den Widerspruch mit anderen politischen Überzeugungen, auch in der eigenen Partei. Daraus entsteht für viele ein Loyalitätskonflikt. Viele verwechseln aber Loyalität mit Gehorsam. Blinder Gehorsam hat aber in der Politik ebensowenig etwas zu suchen wie sonst im Leben. Ich behaupte von mir, daß ich immer loyal war. Aber zunächst einmal und in erster Linie den Menschen gegenüber, die ich als Abgeordneter oder Minister vertreten habe. Auf der nächsten Ebene fühle ich mich meiner Partei und deren Grundsätzen verpflichtet. Erst an dritter Stelle kommt die Loyalität gegenüber Personen, politischen Freunden – aber nur, wenn auch diese Menschen dem eigenen Volk und den Grundsätzen der CDU gegenüber loyal sind.

Diese Überzeugungen haben mich daran gehindert, machtgierig und karrieresüchtig zu werden. Ich habe fast alle politischen Ämter gehabt, die man haben kann, aber ich bin nicht ehrgeizig oder machtbesessen und habe auch nie am Tor des Kanzleramts gerüttelt. Ich habe mich auch nicht verbiegen lassen. Wenn man an die oberste Spitze will, muß man sich extrem anpassen, um Mehrheiten zu erreichen. Dabei verliert man schnell die Glaubwürdigkeit. Ich habe immer versucht, mir meine Unabhängigkeit zu bewahren. Ich habe deshalb 1989 Kohls Angebot, Bundesinnenminister zu werden, abgelehnt. Er wollte mich als Generalsekretär weghaben. Es war versuchte Bestechung.

Die Phobie gegen den Gehorsam hängt auch mit meiner Jugend zusammen. Meine vier Geschwister und ich sind im inneren Widerstand gegen die Nationalsozialisten erzogen worden. Später haben mir die Jesuiten das unabhängige Denken vermittelt. Und vielleicht habe ich auch eine angeborene Unfähigkeit, mich anderen Leuten unterzuordnen (Alfred Dregger: »Sie können nicht gehorsam sein.«), vor allem, wenn ich den sicheren Eindruck habe, daß sie dümmer sind als ich. Jesus würde ich uneingeschränkt als Autorität anerkennen. Aber danach hört es auch schon auf.

Bildung und Erziehung – gemeinsame Interessen

Natürlich hat meine Familie wegen meiner politischen Arbeit oft leiden müssen, vor allem haben die Beleidigungen, mit denen ich häufig überschüttet wurde, auch meine Familie getroffen. Als Willy Brandt mir vorwarf, ich sei »der schlimmste Hetzer seit Goebbels«, fühlte sich auch meine Familie verunglimpft. Dieses Schicksal habe ich mit Helmut Kohl und anderen geteilt. Bei den schweren Auseinandersetzungen, nicht nur mit dem politischen Gegner, sondern auch mit der eigenen Partei, war meine Familie immer mit betroffen. Die Kinder wurden von den Lehrern und Mitschülern attackiert, meine Frau im Bäckerladen angegriffen. Ich habe immer die Sorge gehabt, wie meine Familie damit fertig wird. Wir haben oft darüber gesprochen, und ich habe meine Aufgabe erklärt. Meine Frau und meine Kinder waren nicht immer einverstanden mit dem, was ich getan oder gesagt hatte, aber sie haben meinen Standpunkt respektiert. Wichtig ist es, auf Augenhöhe zu informieren und zu diskutieren, nicht von oben herab.

Manche haben sich gewundert, daß meine Kinder und Enkelkinder mich mit dem Vornamen ansprechen. Sie sagen Heiner zu mir, weil ich es von Anfang an so wollte, und meine Kinder finden das in Ordnung. Das hat mit einer Ablehnung der Vaterrolle nichts zu tun. Im Gegenteil, ich wollte ein guter Vater sein, was mir nach Auskunft meiner Kinder auch einigermaßen gelungen ist. Für unsere gemeinsamen Interessen wäre die Anrede »Papa« ohnehin etwas hinderlich gewesen, auf einer schweren Klettertour oder beim Gleitschirmfliegen geradezu lächerlich. Es ist ein großer Vertrauensbeweis, wenn die Kinder einen mit dem Vornamen anreden.

Musik, Klettern, Gleitschirmfliegen

Die Angriffe gegen mich hatten sogar den Effekt, daß meine Kinder sich sehr stark mit mir solidarisierten. Es war mir von Anfang an wichtig, gemeinsame Interessen zu pflegen. Da ist einmal die Musik. Meine Söhne wurden gute Musiker, Preisträger bei »Jugend musiziert«, Mitglieder des Bundesjugendorchesters. Und da sind zum anderen das Klettern und Bergsteigen. Sie sind für mich ein Bestandteil meines Lebens geworden, und zwar einer, der mir besondere Freude macht. Es war nicht schwer, meine Söhne von diesem Sport zu überzeugen. Es gab keine Bergfahrt, keine Klettertour, keine skibergsteigerische Expedition, zu der ich sie hätte zwingen müssen. Das Bergsteigen und später das Gleitschirmfliegen haben, neben der gemeinsamen Liebe zur Musik, auch dazu beigetragen, daß wir uns in der Familie nie auseinandergelebt haben, wie es oft geschieht, wenn aus Kindern Jugendliche werden und sie sich neuen Interessen zuwenden. Für den Zusammenhalt in unserer Familie ist es von großer Bedeutung, daß uns nie der Stoff für Gespräche und Pläne ausgeht. Das Bergsteigen und Klettern hatte die Kinder so gepackt, daß zum Beispiel Michael während des Unterrichts unter der Schulbank seitenweise schwierige Bergrouten und Kletterskizzen aus Bergbüchern und Zeitschriften abschrieb. Die Söhne nahmen sogar in Kauf, daß sie nach längeren Kletterfahrten temporäre Schwierigkeiten hatten mit der Geläufigkeit auf ihren Musikinstrumenten.

Bergsteigen und Klettern sind große und faszinierende Abenteuer und eine größere Herausforderung als die meisten anderen Sportarten. Man muß körperliche Kondition haben, aber vor allem auch psychische. Meine Söhne und ich haben viel gelernt: Selbstdisziplin, Selbstüberwindung, mit Risiken umzugehen und auch, falls nötig, an der richtigen Stelle umzukehren. Wenn ich nicht in die Politik gegangen wäre, wäre ich vielleicht Bergführer geworden.

Man wird in den Bergen, genauso wie in der Politik, oft mit Gefahren konfrontiert. Ich werde immer wieder auf die Berge steigen. Sie sind für mich eine Zuflucht. Früher habe ich manchmal gedacht, daß man ganz weggehen können müßte, gerade in schwierigen Zeiten, die ich ja auch erlebt habe. Das fing schon ziemlich früh an, zum Beispiel im Jahr 1979, als es den Streit mit Franz Josef Strauß um die Kanzlerkandidatur gab. Ich setzte mich damals für Ernst Albrecht als Kanzlerkandidaten der Union ein, und die CSU verlangte daraufhin meine Ablösung als Generalsekretär.

Diese Forderung war zwar sinnlos, aber ich bin damals – das weiß ich noch gut – einfach abgehauen und mit meinen Söhnen ins Wallis gefahren. Wir bestiegen auf einer schwierigen Tour das Fletschhorn. Als ich da oben stand, waren Bonn und München ganz weit weg, und es wurde mir klar, daß ich, wenn ich nur noch in den Bergen wäre, nicht unglücklich werden würde. Das Bergsteigen ist für mich immer eine echte Alternative gewesen, sogar als Lebenserfüllung. Und ich weiß, solange ich es noch schaffe, kann mir vieles andere den Buckel rauf- und runterrutschen. Das Bergsteigen hat mich immer innerlich unabhängig gemacht. Man wird zwar vom Alltag wieder eingeholt, wenn man herunterkommt, aber man kann ja auch wieder hinaufsteigen.

Natürlich kann man mit einem Snowboard aus einem Flugzeug abspringen und erst mal durch die Luft gleiten, bis der Fallschirm sich öffnet, oder Bungeespringen betreiben, sogar aus einem Hubschrauber heraus. Ich habe das schon getan. Aber einmal reicht. Ich mache Natursport und kein Kunstturnen oder Kunstfliegen. Ich kann die Herausforderung verstehen, zu Fuß den Nordpol zu erreichen, einmal sehen zu wollen, ob das überhaupt geht, wie es geht und sich selbst zu testen. Aber für mich sind die Berge das Entscheidende, obwohl ich nach wie vor gerne Ball spiele, zum Beispiel Handball. Ich war früher in der Universitätsmannschaft in Tübingen.

Ich habe mir schon überlegt, ob ich einer Illusion anhänge, ob ich vielleicht nur eine Kompensation echter Freiheit suche und mir etwas vormache. Aber ich glaube, es war für mich immer eine existentielle Frage, frei zu sein von Zwängen. Die Vorstellung, auch in den kommenden Jahren, solange es geht, körperlich und geistig so fit zu bleiben, um das, was mir wirklich Freude macht, tun zu können, bedeutet für mich Freiheit.

Im Oktober 1992 hatte ich einen schweren Unfall beim Gleitschirmfliegen. Ich musste eine Baumlandung machen auf einer Kiefer, die einen Windbruch hatte, so dass ich mit der Krone des Baums abstürzte und mir drei Lendenwirbel brach. Ich hatte Glück, das heißt, ich wurde in der Orthopädischen Klinik Langensteinbach von Professor Harms operativ wiederhergestellt. Aber während des Klinikaufenthalts habe ich mich oft gefragt, was ich gemacht hätte, wenn der Unfall meine Freiheit zerstört hätte. Dann wäre es sehr schwer geworden. Mit dieser Angst habe ich ein Jahr lang leben müssen, und ich weiß fast alles, was Behinderte denken und fühlen. Die Wünsche werden einfacher, und man freut sich über den kleinsten Erfolg. Mir ist aber immer die Hoffnung geblieben, deswegen weiß ich nicht, wie es ist, wenn das negative Urteil endgültig ist. Man wird in einem solchen Fall die Freiheit bewahren und stärken müssen, die einem geblieben ist: die geistige, aber auch soweit wie möglich die körperliche. Als Minister in Rheinland-Pfalz half ich, den Behindertensport aufzubauen. Die Behindertenolympiade, die alle vier Jahre stattfindet und auf der große Leistungen erbracht werden, empfinde ich nicht als »makabres Spektakel«, wie eine Zeitung schrieb, sondern als ein Ereignis der Ermutigung und der Zuversicht für Millionen von Menschen.

Ich bekenne mich dazu: Bergsteigen ist ein Abenteuer. Es gehört wahrscheinlich zu den letzten großen Abenteuern auf der Erde. Es ist eine immer wieder begeisternde körperliche und seelische, geistige und charakterliche Herausforderung. Es ist Leistungssport in wilder und schöner Landschaft, in unmittelbarer Berührung mit der Erde und ihren Pflanzen, mit Fels und Eis in ständiger Abhängigkeit und Beobachtung von Sonne und Mond, den Sternen, dem Wetter, den Wolken am Himmel. Es fordert Können, Umsicht, Solidarität, Moral und Beherrschung der Technik, aber es sollte ein Abenteuer sein, das das Leben schöner macht und nicht vernichtet. Und ein Abenteuer, das für alle da ist: für Männer und Frauen, für Junge und Alte.

Etwas ist mir in den Bergen klargeworden: Glück stellt sich nicht ein, wenn alles leicht und bequem ist. Das Gefühl des Glücks ist die Erfahrung der Liebe, aber auch die Antwort auf eine bestandene Herausforderung und das Ergebnis von Selbstüberwindung. Natürlich gibt es da Parallelen zur Politik. Was man gleichermaßen beim Bergsteigen wie in der Politik braucht, sind Kondition, Übersicht und Nerven. Man muß, in der Politik wie im Gebirge, immer wieder darüber nachdenken, ob man alles richtig macht. Aber man muß sich auch über sein Ziel im klaren sein. Politische und bergsteigerische Ziele müssen erstrebenswert sein.

Mut, Einsatz- und Risikobereitschaft sind am Berg genauso notwendig wie in der Politik. Wer richtig bergsteigen und gesund wieder herunterkommen will, braucht Intelligenz und Moral. Damit meine ich nicht den »inneren Schweinehund«, den es zu überwinden gilt, sondern Moral in dem Sinn, daß man bereit sein muß, zurückzustehen und einen anderen vorbeizulassen, der es besser kann.

Wer auf den Berg will, ob auf leichten oder schweren Wegen, der braucht Freunde, auf die er sich verlassen kann, und sie müssen sich auf ihn verlassen können. Man braucht die Fähigkeit, solidarisch zu sein. Wenn in der Seilschaft gestritten wird, kehrt man am besten um. Sooft es möglich ist, begleiten mich meine Söhne. Sie sind sehr gute Kletterer. Wir können uns aufeinander verlassen.

Jede Bergtour ist ein neues Abenteuer, das es zu bestehen gilt. Viele versuchen, in diesem Abenteuer – wie Reinhard Karl, der im Himalaya verunglückte großartige Mensch und Bergsteiger, etwas spöttisch sagte – »Selbstverwirklichung« zu finden, aber vielleicht ist es auch nur ein bisschen Freiheit im Glück.

Mit meinem Sohn Michael gab es eine Zeitlang ab und zu einen Disput. Wenn wir kletterten, sagte ich schon mal: Schau dir den Enzian an oder die Farben des Kalksteins und des Himmels. Er brummte dann nur und sagte: »Mir geht's ums Klettern.« Er war damals 21 Jahre alt, heute denkt er anders. Ich habe bei Reinhard Karl einen guten Satz dazu gefunden: »Ich bin bei meinen Umwegen über die Berge viel weitergekommen, als wenn ich den flachen Pfaden gefolgt wäre.«

Keine Angst vor Menschen

Ich habe mir abgewöhnt, Angst zu haben. Vor allem Furcht vor Menschen ist immer falsch; jeder ist sterblich; man muß sich unabhängig machen, psychisch und materiell. Auch in den Bergen darf man sich nicht durch Angst beeinflussen lassen. Aus Angst entsteht leicht Panik, und dann macht man Fehler. Ich versuche, im Leben wie in den Bergen die Risiken so gut wie möglich zu kalkulieren. Churchill hat einmal gesagt, Mut sei die wichtigste Tugend in der Politik, denn ohne Mut gehe gar nichts. Natürlich hat er recht. Man kann ohne Mut nichts erreichen. Aber es ist nicht das Wichtigste. Man muß vielmehr seinem Leben einen Sinn geben, und das sinnvollste für mich erschien immer, den Menschen zu helfen und ihre Lebensbedingungen zu verbessern. Danach habe ich meine politischen Entscheidungen als Minister und Generalsekretär ausgerichtet.

Schwerpunkte und Führungsaufgaben

Wenn ich die Schwerpunkte benennen sollte, auf die ich mein politisches Leben bisher konzentriert habe, dann würde ich ohne Zögern vor allem die weltweite Durchsetzung der individuellen und sozialen Menschenrechte nennen, vor allem für die Frauen, aber auch für Ausländer in Deutschland; ferner den Kampf gegen das kapitalistische Wirtschaftssystem zugunsten einer Internationalen Sozial-Ökologischen Marktwirtschaft und die Orientierung der Politik an einem ethisch fundierten, dem christlichen Menschenbild. Ich hatte das Glück, diese Aufgaben als Bundes- und Landesminister und zwölf Jahre als Generalsekretär der CDU erfolgreich angehen zu können.

Mir liegt daher daran, die besondere Führungsaufgabe des Generalsekretärs der CDU herauszustellen, die als prototypisch auch für andere politische Organisationen gelten kann. Der Generalsekretär der CDU wird vom Parteitag gewählt, und zwar für vier Jahre, im Gegensatz zu allen anderen Präsidiumsmitgliedern, einschließlich des Vorsitzenden, die für zwei Jahre gewählt werden. Er wird vom Parteivorsitzenden vorgeschlagen. Der Generalsekretär hat die Aufgabe, die Programmatik und das Profil der Partei zu erarbeiten und darzustellen, vor allem dann, wenn die Partei in einer Koalition ist. Das gleiche gilt sinngemäß, wenn der Parteivorsitzende Vorsitzender einer Fraktionsgemeinschaft ist, wie dies bei der Bundestagsfraktion von CDU und CSU der Fall ist. Das Verhältnis des Parteivorsitzenden zum Generalsekretär ist nicht allein eine Frage der persönlichen Beziehungen, sondern berührt die Führungsstruktur der gesamten Partei.

Jede Partei muß ein hohes Maß an Selbständigkeit bewahren, wenn sie an der Regierung beteiligt ist, sonst verliert sie ihr Profil. Natürlich hat die Partei auch die Aufgabe, die eigene Regierung zu unterstützen. Aber sie hat einen substantiellen Auftrag, der über den Inhalt einer Regierungserklärung und einer Koalitions- oder Fraktionsvereinbarung hinausgeht. Eine große Partei kann sich in ihrer Programmatik nicht auf die Ebene einer Koalitionsvereinbarung begrenzen lassen. Der Generalsekretär ist nicht Generalsekretär der Regierung, sondern Generalsekretär der Partei. Die Zentrale der Partei ist nicht das Kanzleramt oder ein Ministerium, sondern das Konrad-Adenauer-Haus in Berlin. Diese Position muß jeder halten, der Generalsekretär der CDU ist. Er ist dann ein starker Generalsekretär, wenn er sein Amt in diesem Sinn ausfüllt.

Es kommt dann allerdings zu einem Spannungsverhältnis zwischen dem Vorsitzenden und dem Generalsekretär, das, wie in den achtziger Jahren zwischen Helmut Kohl und mir, außerordentlich fruchtbar sein kann, damals aber auch geprägt war vom Streit mit den Koalitionspartnern FDP und CSU und den Strömungen in der eigenen Partei. Helmut Kohl wollte nach zwölf Jahren den damit verbundenen permanenten Richtungsstreit nicht weiter mit- und ertragen. Das war der eigentliche Grund, warum es auf dem Bremer Parteitag 1989 zur Trennung kam. Die anfänglich sehr erfolgreiche institutionalisierte Arbeits- und Aufgabenteilung mit Wahlergebnissen zwischen 45 und 50 Prozent bei den Bundestagswahlen muss jedoch nicht für immer eine nicht realisierbare Utopie sein.

Ehrlichkeit

Mein Vater konnte sich 1940 den Schikanen der württembergischen NSDAP dadurch entziehen, daß er sich nach Hannover versetzen ließ und sich freiwillig zur Wehrmacht meldete. Wir zogen also nach Hannover um, und ich kam in die erste Klasse des Leibniz-Gymnasiums in der Alten Celler Heerstraße. Der von Erwin Teufel geprägte baden-württembergische Werbeslogan »Wir können alles außer Hochdeutsch« wurde mir damals fast zum Verhängnis. Ich konnte natürlich kein Hochdeutsch, sprach einen schlimmeren badisch-schwäbischen Dialekt als Klaus Kinkel, Theodor Heuss und Wolfgang Schäuble und wußte, aus der Provinz kommend, auch sonst längst nicht alles, was meine neuen Klassenkameraden wußten, so daß meine Versetzung gefährdet war. Ich kam am Anfang aus dem Staunen nicht heraus und soll vor Zeugen zu meiner Mutter gesagt haben: »Die Leute hier sprechen alle so vornehm, sogar der Briefträger.«

Ich konnte mich allerdings bald durchsetzen und war als Kind vom Lande sportlich ein As, was gegenüber den etwas ausgemergelten Großstadtjungen allerdings keine große Kunst war. Ich hatte in dieser Schule ein prägendes Erlebnis. Der Mathematiklehrer, Dietrich Busse, war ein überzeugter Nazi, wurde aber zur Wehrmacht wegen eines Klumpfußes nicht eingezogen und ließ seinen Frust darüber an uns Schülern aus. Er hätte dem Vaterland so gerne mit der Waffe in der Hand gedient. Eines Tages postierte sich ein Teil der Klasse, mich eingeschlossen, zwischen Lehrer- und Klassenzimmer und intonierte, als Busse zum Unterricht erscheinen wollte, das Lied »Ein Männlein steht im Walde«, allerdings in einer zeitgemäßen Abwandlung: »Wer wird wohl das Männlein sein, das da steht im Gang allein mit dem braunen Heiligenschein?« Ich war dabei, und nach vollzogener Tat rannten wir davon. Busse erschien mit dem Schuldirektor im Klassenzimmer. Der war Offizier im Ersten Weltkrieg gewesen, Träger des Eisernen Kreuzes erster Klasse und ein Pädagoge der alten Schule. Auf seine Frage »Wer war das? Wer war dabei?« blieb es in der Klasse zunächst totenstill. Ich sagte mir: Du mußt ja nicht als erster aufstehen. Als aber keiner den Anfang machte, stand ich auf – und blieb allein. Die Sache wurde unangenehm. Busse war drauf und dran, sich auf mich zu stürzen, aber der Direktor sagte: »Wenigstens einer hat Schneid. Geißler, du hast jetzt schulfrei. Die anderen haben heute nachmittag zwei Stunden Nachsitzen.« Ich packte meine Sachen, zog an dem wutschnaubenden Busse vorbei und verließ unter betretenem Schweigen der Kameraden das Klassenzimmer. Diese Lektion habe ich nicht vergessen. Offenbar kann Ehrlichkeit belohnt werden, nicht nur in der Familie, sondern auch anderswo.

Wahrheitsfanatismus?

Aber natürlich muß man im Leben kein Wahrheitsfanatiker sein. Antwort gebührt nur demjenigen, der einen Anspruch darauf hat. Ich bin als freier Mensch niemandem, vor allem nicht staatlichen Organen, darüber Rechenschaft schuldig, wo ich mich am Tag X zur Stunde Y und zur Minute Z befunden habe. Leider ist der verfassungsrechtlich geschützte Kernbereich der Privatsphäre durch die Antiterrorgesetze existentiell gefährdet. Der Rechtsstaat mutiert zum Überwachungs- und Präventionsstaat, das kann so nicht weitergehen. Wir Demokraten zerstören uns sonst selbst oder wie Benjamin Franklin schon vor 230 Jahren gesagt hat: Wer Sicherheit auf Kosten der Freiheit will, wird beides verlieren.

Das Volk jedoch hat einen Anspruch auf Wahrheit. Zur Glaubwürdigkeit der Politik und der Politiker gehört die Ehrlichkeit. Ein Politiker darf nicht lügen. Allerdings gibt es politische Aussagen, die unter bestimmten Bedingungen richtig, unter anderen aber falsch sind. Man muß als Politiker Aussagen machen können, auch wenn sie ein Risiko in sich bergen. So gibt es Versprechen, die später nicht eingehalten werden können, weil sich die Bedingungen verändert haben. Das sind keine Lügen, sondern Irrtümer. Die Erklärung von Helmut Kohl 1990, aus den neuen Bundesländern würden blühende Landschaften, war keine Tatsachenbehauptung, sondern ein optimistisches Zukunftsversprechen. Moralisch verwerflich sind jedoch Versprechen, die nicht eingehalten werden, obwohl sie hätten eingehalten werden können.

Schwierig wird es auch, wenn es um Schlagworte geht. Schlagworte sind Distanzwaffen, mit denen man sich den Gegner vom Leib hält. Man erreicht dadurch allerdings genau das Gegenteil der Grundregel jeder Demokratie, nämlich der Pflicht, sich argumentativ auseinanderzusetzen.

Die Probleme werden immer komplexer. Daher müssen auch die Antworten differenzierter ausfallen. In Wirklichkeit neigt aber nicht nur die »Bild«-Zeitung, sondern auch die Politik dazu, auf komplexe Fragen unangemessen pauschal und banal zu antworten. Solche Erklärungen mögen im Augenblick oder für kurze Zeit wirken, aber eigentlich führt man damit das Volk hinters Licht.

Zu einer ehrlichen Politik gehört auch, daß man sich nicht vergewaltigen läßt. Es scheint mir fast das Wichtigste zu sein, daß jemand sein Rückgrat behält, aufrecht bleibt, sich nicht verbiegen läßt und, auch wenn es schwierig wird, seine Meinung vertritt und dafür Nachteile in Kauf nimmt. Zu den Voraussetzungen einer ehrlichen Politik gehört, aufgeschlossen zu bleiben gegenüber dem, was sich außerhalb der Politik entwickelt. Viele Abgeordnete lesen keine Bücher, manche aus Zeitgründen. Nur die wenigsten können Bücher schreiben. Sie sind auch deswegen nicht gehalten, etwas zu lesen oder zu recherchieren, und sind nicht auf der Höhe der Zeit. Ihr politisches Wissen beziehen sie aus Hearings, auf denen aber nur Leute zu Wort kommen, die von den Parteien eingeladen wurden. Parteigänger aus Universitäten oder Verbänden – meistens Leute, die von dem, was sie diskutieren, persönlich nicht betroffen sind.

Lügen in der Politik ist dumm

Es ist ein Vorurteil, zu behaupten, daß man in der Politik lügen müsse. Das Gegenteil ist richtig. Es ist geradezu dumm oder zumindest grob fahrlässig, den Menschen bewußt die Unwahrheit zu sagen. In einer transparenten Demokratie bleibt kaum etwas verborgen. Wer einmal beim Lügen erwischt wird, ist meistens politisch erledigt. Er verliert vor allem die Eigenschaft, die jeder Politiker dringend braucht, wenn er wiedergewählt werden will, nämlich seine Glaubwürdigkeit. Das Vertrauen der Menschen in die Politik und zu den Politikern ist die Grundvoraussetzung für politische Stabilität. Dieses Vertrauen ist in den letzten Jahrzehnten schwer erschüttert worden.

Niccolò Machiavelli gab den Großen seiner Zeit den Rat: »Ein kluger Fürst darf (...) sein Versprechen nie halten, wenn es ihm schädlich ist oder die Umstände, unter denen er es gegeben hat, sich geändert haben.« Aber wir leben nicht mehr im Zeitalter der Renaissancefürsten, sondern in einer Demokratie mit einer Verfassung und politischen Repräsentanten, die auf Zeit gewählt sind. Im Zeitalter der Medien ist eine geheime Kabinettspolitik nicht mehr möglich. Statt Geheimniskrämerei ist Transparenz gefragt, authentische Interpretationen durch diejenigen, die in den Gremien die Entscheidungen gefällt haben. Politiker, die den Menschen nicht die ganze Wahrheit sagen, schaden sich selbst – ein ewiger Streitpunkt im Präsidium der CDU unter Helmut Kohl. Wenn man an der Regierung ist, verfällt man leicht einem Allmachtsdünkel, der selbst berühmte Zeitgenossen wie Winston Churchill dazu verführt hat, mit der Unwahrheit zu kokettieren: »Im Laufe meines Lebens mußte ich oft meine eigenen Worte aufessen, und ich muß zugeben, daß ich das immer für eine gesunde Diät hielt.«

In der Tat kann eine Wahrheit von gestern überholt sein, wenn die Umstände sich ändern. Jahrzehntelang war die Vorstellung, daß Banken oder sonstige Privatunternehmen verstaatlicht werden könnten, angeblich eine Todsünde wider die Marktwirtschaft, obwohl Verstaatlichung im Grundgesetz nicht ausgeschlossen wird. Im Jahr 2009 ist aber genau dies unter der Verantwortung einer christlich-demokratischen Kanzlerin und eines christlich-sozialen Wirtschaftsministers Wirklichkeit geworden. Durch die Finanzkrise haben sich die Umstände drastisch verändert. Notwendig ist allerdings, daß dies den Menschen erklärt wird. In der »F.A.Z.« gab es am 24. Februar 2009 einen Leitartikel mit der Überschrift »Wir brauchen eine Erklärkanzlerin«. Erklärungen sind nötig, wenn politische Grundsätze, die lange gegolten haben, unter veränderten Umständen nicht mehr gelten und neue eingeführt werden sollen. Gustav Radbruch, einer der bedeutendsten Justizpolitiker der Weimarer Republik, formulierte dies einmal wie folgt: »Die Zahl der Anhänger, nicht der sachliche Gehalt einer politischen Auffassung, entscheidet über die Führung im Staat, weil keine politische Auffassung beweisbar, keine widerlegbar ist.«

Wahlversprechen

Manchmal muß man Wahlversprechen aber brechen. Zum Beispiel hat die Union nach der Bundestagswahl 2005 ihre Aussagen vom Leipziger Parteitag – Lockerung des Kündigungsschutzes und des Flächentarifvertrags, Einführung einer »Bierdeckelsteuerreform« und einer Kopfpauschale – nach der Bundestagswahl zu Recht nicht wieder aufgegriffen. Denn das Wählervotum gegen diese Vorschläge war eindeutig, die CDU war abgestraft worden und hatte nur noch 35 Prozent der Wählerstimmen erhalten. Sie tat also das, was die Wähler wollten, und nicht das, was sie vor der Wahl gesagt hatte.

In einer ganz anderen Lage befand sich die SPD in Hessen mit ihrer Spitzenkandidatin Andrea Ypsilanti im

Jahr 2008. Es ging bekanntlich um die Frage, ob die SPD im Gegensatz zu ihrem Wahlversprechen mit der Linken zusammenarbeiten solle. Ypsilanti wollte es, obwohl eine andere Lösung möglich gewesen wäre, zum Beispiel eine große Koalition. Im Gegensatz zur Bundestagswahl 2005, als der CDU keine Wahl blieb und sie mit der SPD koalieren mußte, ergab sich in Hessen nicht der Zwang, die Linke mit ins Boot zu nehmen. Allerdings muß man zugestehen, daß die politischen Inhalte und das Wahlergebnis für ein rot-rot-grünes Bündnis sprachen, immerhin hatte die CDU unter Roland Koch 12 Prozentpunkte verloren. Doch es bleibt der Bruch eines Wahlversprechens. Die zum Teil haßerfüllte Reaktion der Medien gegenüber Andrea Ypsilanti war wenig glaubwürdig, da eine ähnliche Kampagne nicht stattfand, als im Bundestagswahlkampf 2005 die SPD die Absicht der CDU, die Mehrwertsteuer um zwei Prozent zu erhöhen, wütend bekämpfte, sie aber nach der Wahl in der Großen Koalition ohne viel Federlesens einer dreiprozentigen Erhöhung zustimmte.

Selbständig und unabhängig denken

Manchmal werde ich gefragt, ob ich schon einmal daran gedacht hätte, aus der CDU auszutreten. Ich habe das immer verneint, weil ich mich in Übereinstimmung mit den Grundsätzen meiner Partei befinde. Andere müßten eher austreten. Ich werde oft als Querdenker bezeichnet. Für andere bin ich eher der Quertreiber. Diese Differenzierung ist mir ziemlich gleichgültig. Querdenken kann nicht schaden, aber man muß auch vorausdenken und nachdenken. Denken kann jedenfalls nicht schaden, hat Carlo Schmid gesagt.

Manchmal muß man froh sein, wenn in der Politik überhaupt gedacht wird. Unsere Republik hat oligarchische Strukturen entwickelt. Manche, die an der Macht waren, vergaßen, daß die Macht etwas zeitlich Gebundenes ist und Politiker nur ein Mandat haben. Weil sie an der Macht waren, glaubten einige, nicht mehr hinhören zu müssen. Das war der entscheidende Fehler von Helmut Kohl und Gerhard Schröder. Es war die Arroganz der Macht. Sie ist ein Grund, warum sich Menschen von der Politik abwenden. Eine Mehrheit der Menschen akzeptiert diese Verformung der Demokratie nicht.

Oft werde ich auch gefragt, ob ich in der Politik mein persönliches Glück gefunden hätte. Aber darum ist es mir eigentlich nicht gegangen. Das war mir klar, seit ich aus dem Jesuitenorden ausgeschieden bin. Wer Glück sucht, sollte nicht in die Politik gehen. Mir hat es allerdings Freude gemacht, wenn ich richtige Ideen durchsetzen konnte. Es ist immer wieder behauptet worden, mir habe der Streit mit dem politischen Gegner Spaß gemacht. Das war selten der Fall, denn ich wurde dadurch auch zur Zielscheibe. Im Getümmel wirbelte der Staub auf, in dem auch Parteivorsitzende plötzlich verschwanden. Aber es hat mir geholfen, daß ich davon überzeugt war, für eine gerechte und gute Sache einzutreten.

Sachliche Härte im Streit muß nicht mit Intoleranz verbunden sein. Warum sollte man sich hassen, wenn man unterschiedlicher Meinung ist? Das habe ich auch von Peter Glotz gelernt. Es ist eine besondere Form der Intoleranz, wenn man nicht mehr das Gesicht des anderen sieht, sondern nur noch das Weiße im Auge des politischen Gegners, der dadurch zum Feind wird. Ich bereue höchstens, daß ich manchmal nicht noch mehr Widerstand geleistet habe.

Ich halte Toleranz für unverzichtbar, auch wenn man in der parteipolitischen Auseinandersetzung immer für klare Verhältnisse sorgen muß. Ich war nie ein Anhänger des Wischiwaschis, und ich kann verstehen, daß sich viele über mich aufregen. Mein Grundsatz ist aber, daß in einer Demokratie jeder seine Meinung sagen darf. Jeder muß sagen können, was er denkt, und jeder darf sagen, was er will. Aber er muß es sich gefallen lassen, daß er dafür kritisiert wird.

Über Intoleranz zu reden und zu schreiben ist gerade in der heutigen Zeit dringend notwendig. Wir sind die Zeitzeugen einer Geisteshaltung, die sich nicht nur ausdrückt in Folter und Mord, sondern ebenso im Straßenverkehr, in der Familie oder in der Ehe. Sie bringt Menschen dazu, mit Kerosinbomben Türme zum Einsturz zu bringen, Genitalien von Frauen zu verstümmeln oder Moscheen niederzubrennen. Intoleranz ist das Instrument des Fundamentalismus. Der Fundamentalist glaubt, er sei im Besitz der absoluten Wahrheit, und will die Wahrheit, die er für richtig hält, anderen aufzwingen. Er glaubt, wie die heilige Inquisition, den Menschen, wenn er dem Irrtum oder dem Teufel verfällt, befreien zu können, indem er ihn verbrennt – auf dem Scheiterhaufen oder im Inferno terroristischer Bomben. Der Unterschied zwischen westlicher Denkart und der Geisteshaltung islamischer Fundamentalisten ist, wie Umberto Eco einmal sagte, darin zu sehen, dass die »westliche Kultur die Fähigkeit entwickelt hat, ihre eigenen widersprüchlichen Bedingungen freimütig offenzulegen«. Der Fundamentalist diskutiert nicht, er schaltet diejenigen aus, die eine andere Meinung haben. Aber er wird im Zeitalter des Internets gegen die Macht der Information und der Ideen verlieren. Deswegen wird die Utopie der rechtsstaatlichen Demokratie in der ganzen Welt Realität werden.

Träume

Wie sooft zerfließen Wirklichkeiten in Erinnerungen und werden Träume, deren sich die Phantasie bemächtigt. Ich sehe mich mit meinen Söhnen von der Pordoispitze in den Dolomiten mit dem Paraglider hinunterfliegen über das Val Lastiz, vorbei an der schwarzen Westwand des Bergs, durch die viele Kletterrouten führen, hinunter nach Canazei in das freundliche, warme, offene Fassatal. Ich sehe den Rosengarten und seine Vajolett-Türme, die ich das letzte Mal mit meinem Segel fast gestreift hätte. Ich fliege und fliege wie ein Vogel und blicke auf die Marmolada mit ihrem Eispanzer hinab und hoffe, daß ein Märchen in Erfüllung geht. Ich stelle mir vor, ich wäre damals mit der warmen Thermik des Augusttags über den Gletscher geflogen, in dem vor fast hundert Jahren, im Ersten Weltkrieg, Kaiserjäger ihre eisigen Unterstände bauten. Ich bin wie im Fieber und segle über den Col di Lana, den ich so sehe, wie er vor der Sprengung mit 5000 Kilogramm Nitrogelatine ausgesehen hat, ein ebenmäßiger grasiger Berg, übersät mit blauem Enzian und gelben Bergastern. Ich fliege zurück und sehe plötzlich im Buchensteiner Tal Zehntausende von Menschen, Alpini und Kaiserjäger, wieder lebendig geworden, und höre sie gemeinsam das Lied der Berge, »La Montanara«, singen. Der Schirm trägt mich weiter und weiter, und ich lande oben am Gletscher der Marmolada. Ein paar Nebelschwaden senken sich bis zum Gipfel und hüllen ihn teilweise ein. Eigentlich müßte ich weiterfliegen. Es kommt mir so vor, als zöge ein Gewitter auf. Es kann mir die Freude im Traum aber nicht nehmen. Die mit Elektrizität geladene Luft knistert, das Kribbeln ist im ganzen Körper zu spüren, und wie mit einer unsichtbaren Hand reißt es die Haare senkrecht nach oben. Neben lodernden Blitzen züngeln noch flüchtige blaue Elmsfeuer am trübdüsteren Himmel, und ich sitze lange unbeweglich und plötzlich voller Angst im Schnee. Der Tod, denke ich, ist nichts Romantisches, deshalb brauche ich ihn nicht.

Bilderfetzen jagen vor meinen Augen Geschichte durch den Kopf. Mir schießt Berlin in den Sinn, für das ich als Regierungssitz gestimmt habe. Jetzt träume ich davon, daß es diese dumme Siegessäule nicht gibt. Plötzlich stelle ich mir vor, die alliierten Bomber hätten das ganze schöne alte Berlin stehenlassen, aber die Siegessäule und die wilhelminische Architektur in Schutt und Asche gelegt – dazu die neudeutschen Monumentalbauten wie das Bundeskanzleramt, wenn die damals schon gestanden hätten.

Plötzlich reißt es auf. Die Sonne geht unter. Wie durch einen Zauber vertreibt der Nordwind den Sturm. Und von den letzten Sonnenstrahlen berührt, ragt der leuchtende Schneekegel der Marmolada in den blaßrosa Himmel. Im Norden sehe ich die Zillertaler Alpen, von wo meine Vorfahren stammen. Im Westen schaue ich auf den Ortler, die Bernina und den Monte Rosa und sehe das Märchen von Europa, das Wirklichkeit geworden ist.

Ich bin wach und liege am Sellajoch auf einer Wiese und überlege mir, was eigentlich gewesen wäre, wenn nicht die Preußen, sondern die Österreicher die Schlacht bei Königgrätz gewonnen hätten? Ich komme wieder ins Träumen. Die Weltgeschichte wäre anders gelaufen: kein Bismarck-Reich, kein Krater im Col di Lana, kein Versailles, keine Nazis, kein Auschwitz. Ich werde hellwach. Müssen jetzt die CDU-Leute schon sagen: »Ich bin stolz, ein Deutscher zu sein«? Werden sie sonst zu Apostaten? Dabei haben wir doch immer gesagt: Christ sein, Demokrat sein, das ist für unsere Identität wichtiger als nationale Selbstbefriedigung. Meine Träume sind oft zerklüftete Gebilde wie der Langkofel vor mir oberhalb des Grödnertals.

Die Frage »Was wäre wenn?« ist eine dem Traum immanente Frage, die sich immer dann verselbständigt, wenn die Zweifel an der Realität überwiegen. Vom Unmöglichen geht eine Faszination aus, sie hat zusammen mit dem Unbekannten schon immer die Abenteuer der Menschen inspiriert. Was heute als unmöglich gilt, ist es vielleicht schon morgen nicht mehr. Und wenn ich heute in der Minderheit bin, kann ich morgen die Mehrheit haben – wie es schon so oft war.

Ich komme ins Sinnieren. Mein Studium, meine Jesuitenzeit, meine politischen Ämter, meine Bücher, meine Kämpfe, meine Phantasien – ich bin offenbar kein typisch deutsches Produkt. Warum denken so viele Deutsche, auch meine Freunde, über Deutschland so ganz anders als ich?

Ich träume weiter. Wenn ich jünger wäre, würde ich mich nicht mehr abhalten lassen, Klavier richtig zu lernen und zu spielen. Und in den Himalaya wäre ich gegangen, als die Routen noch leichenfrei waren und nicht alle hundert Meter ein Arm, ein Torso, ein eisgesinterter Kopf aus dem Gletscher ragte, und ich hätte den Buddhismus studiert mit seinem pulsierenden Universum und seinem zyklischen Geschichtsverständnis und seiner Vorstellung von Gott, daß nämlich das Göttliche in der Natur der ganzen Welt, auch in den einzelnen Dingen, anwesend sei und der Mensch als Teil dieser von Gott durchwirkten Natur durch Selbstbesinnung und Meditation die Einheit mit dem Göttlichen erlangen könne. Und ich erfinde einen Gott, der nicht eine Person ist wie der Mensch und gegen den man nicht die Faust erheben kann, weil er Auschwitz zugelassen hat.

Mir fallen die Fundamentalisten in Afghanistan ein, die Ehebrecherinnen bis zur Brust in den Sand eingraben und dann mit Bulldozern plattmachen. Dann möchte ich Revolutionär werden und die Welt verändern und stelle mir vor, reden zu können wie Jesus, bei dem, »als sie seine Worte hörten, die Scharen außer sich gerieten«. In den Wachträumen mitten in der Nacht stelle ich mir vor, wie es in den Menschen aussieht, die wegen einer Erhöhung der Kapitalrendite ihres Unternehmens wegrationalisiert werden, und ich ertappe mich bei dem Gedanken, was ich mit Folterern machte, wenn ich sie erwischte, und erschrecke über mich selbst. Aber ich könnte mir vorstellen, an der Spitze einer Armee die Frauen in Afghanistan und die Christen im Sudan zu befreien.

Solche Schwärme verfliegen mit dem Morgengrauen. Aber alle Ideale und alle Revolutionen kommen aus den Träumen für eine bessere Welt, sind die Folgen eines zündenden Funkens und des Aufruhrs des Geistes gegen gewalttätige Macht. Warum sind so wenige Künstler auch Politiker, warum sind so wenige Politiker Feingeister und wirkliche Humanisten? Warum sind die meisten angepaßte Feiglinge, wo doch laut Churchill Mut die wichtigste Eigenschaft in der Politik sein müßte? Und wenn

»moderne Zeiten« heißt, daß die »Werte« wie Schlamm auf den Straßen sind, die es wegzuspülen gilt, sind wir alle verloren.

Ich träume immer noch in meinem Zelt im steinernen Meer am Sellajoch und höre auf das gleichmäßige Rauschen des Windes und die Geräusche der wenigen Autos, die die Paßstraße hinauffahren. Meine Gedanken wandern weiter. Ich sehe mich wieder als Kind und liege im Bett, presse ein Ohr an die Wand und höre Musik im anderen Zimmer. Meine Mutter spielt Klavier, Schubert, Schumann. Ich bin neun Jahre alt, kenne die Partituren auswendig und träume davon, ein großer Pianist zu werden. Mein Vater sagt: Du schaffst es nicht. Meine Mutter hilft mir, und ich gehe zu einer Lehrerin – Judith Holz, eine Wiener Jüdin, die vor den österreichischen Nazis geflüchtet war. Eines Tages ist sie weg, die Tür zu ihrer Wohnung verschlossen. Man hat sie abgeholt, umgebracht. Ich habe nie mehr richtig Klavierspielen gelernt, aber meinen Kindern diesen Traum erfüllt. Ich träume manchmal, ich spielte in einem Saal Schubert und Schumann und meine Mutter und Judith Holz hörten zu, freuten sich und staunten.

Alice Schwarzer (Hrsg.). Die große Verschleierung. Für Integration, gegen Islamismus. KiWi 999

Die große Verschleierung: ein Buch über die Hindernisse und Chancen einer erfolgreichen Integrationspolitik, über die politisch-symbolische Dimension der Verschleierung muslimischer Frauen, aber auch über die Verschleierung der islamistischen Gefahr durch Kulturrelativisten in deutschen Medien. – Die Beiträge von Alice Schwarzer werden durch Analysen und Berichte zahlreicher Expertinnen ergänzt, von Elisabeth Badinter bis Necla Kelek.

www.kiwi-verlag.de

Worauf warten wir?
Ketzerische Gedanken zu Deutschland
Die Missstände in Deutschland sind groß. Um eine Veränderung herbeizuführen, müssten wir etwas aufgeben: Sicherheit. Provokant prangert Notker Wolf die deutschen Besitzstandswahrer an und fordert die persönliche Freiheit, um wieder eine zukunftsfähige Gemeinschaft zu werden.
rororo 62094

**Abtprimas Notker Wolf:
«Ein Menschenfreund, der ohne Scheu klare Worte spricht»** *Münchner Merkur*

Gott segne Sie!
Neue Einfälle für das Leben hier unten
Erfrischend offen spricht Abtprimas Notker über die großen Fragen des Lebens und die kleinen Dinge des Alltags. Seine Gedanken zu Demokratie und Chancengleichheit, Stress oder Gnade sind ein bunter Strauß Lebensweisheit.
rororo 62460

Aus heiterem Himmel
Einfälle und Eingebungen für das Leben hier unten
Mit Freude beobachtet Abtprimas Notker die Menschen im Alltag: Seine Gedanken geben Kraft und Zuversicht, um das Leben hier unten zu meistern.
rororo 62325

mit Schwester Enrica Rosanna:
Die Kunst, Menschen zu führen
rororo 62256

Weitere Informationen in der Rowohlt Revue oder unter www.rororo.de

**Roland Rosenstock
Die Zehn Gebote und was sie heute bedeuten**
Eine Gebrauchsanweisung
Passen die Zehn Gebote heute noch in die Alltagswirklichkeit? Roland Rosenstock macht anhand von Konfliktsituationen aus dem Alltag von Kindern und Jugendlichen die Relevanz der Zehn Gebote anschaulich.
rororo 62232

Religion für Einsteiger

**Christian Nürnberger
Die Bibel**
Was man wirklich wissen muss
Christian Nürnberger erzählt die wichtigsten Geschichten des Alten und Neuen Testaments und erklärt, worin die revolutionäre Botschaft des biblischen Geschehens liegt – für Christen und Nichtchristen. Eine anschauliche und unterhaltsame Einführung, lebensnah und überraschend aktuell.
rororo 62068

**Heiner Geißler
Was würde Jesus heute sagen?**
Die politische Botschaft des Evangeliums
Heiner Geißler erklärt die politische Sprengkraft der Lehren von Jesus und setzt die Aussagen des Evangeliums auf unkonventionelle und engagierte Weise mit unserer politischen, kulturellen und ökonomischen Gegenwart in Verbindung.
rororo 61594

Weitere Informationen in der Rowohlt Revue *oder unter* www.rororo.de

Joachim Fest bei rororo

Im Gegenlicht
Eine italienische Reise
rororo 62295

Die unbeantwortbaren Fragen
Notizen über Gespräche mit Albert Speer zwischen Ende 1966 und 1981
rororo 62159

Horst Janssen
Selbstbildnis von fremder Hand
rororo 61901

Der Untergang
Hitler und das Ende des Dritten Reiches. Eine historische Skizze
rororo 61537

Das Filmbuch
rororo 61923

Bürgerlichkeit als Lebensform
Späte Essays
rororo 62413

Begegnungen
Über nahe und ferne Freunde
Joachim Fest berichtet über Begegnungen mit prominenten Persönlichkeiten, die sein Leben prägten.
rororo 62082

Ich nicht
Erinnerungen an eine Kindheit und Jugend
In seinen als Meisterwerk gefeierten Erinnerungen erzählt Joachim Fest vom katholischen Elternhaus in Berlin, dem Berufsverbot für den Vater, dem eigenen Schulverweis, Kriegsdienst und Gefangenschaft. Entstanden ist das wunderbare Porträt einer Familie, die sich den Nazis verweigerte.

rororo 62396

Das für dieses Buch verwendete FSC®-zertifizierte Papier
Lux Cream liefert Stora Enso, Finnland.